다시, 사랑의 길

다시, 사랑의 길

모든 것이 무너진 자리에서
새롭게 시작하는 힘

김경환 지음

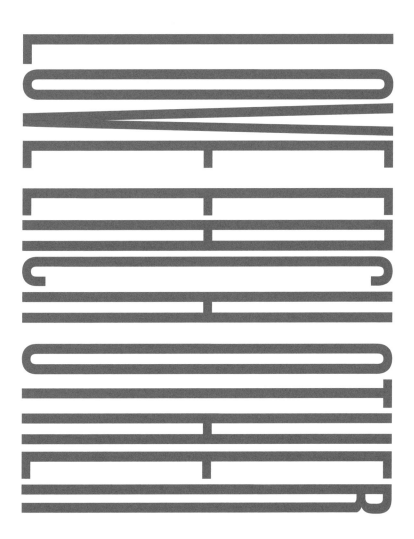

국제제자훈련원

오늘날 사랑이란 단어는 대중가요 가사에서 가장 흔하게 보일 정도로 보편적입니다. 그리스도인도 사랑을 그 정도의 차원에서 말할 때가 있습니다. 하지만 저자는 이 사랑을 깊이 있게 재해석하여 우리에게 체험적으로 증거합니다. 저자는 그 사랑이 제자도의 핵심이라고 말합니다. 사랑의 홍수 속에서 정작 참사랑의 생수를 목말라하는 이 시대에 김경환 목사님이 전하는 교훈을 잠시라도 주목한다면, 현실의 고통을 극복하게 하는 감동을 선물받게 될 것입니다.

이동원 지구촌 목회리더십센터 대표, 지구촌교회 원로목사

저자인 김경환 목사님과는 지난 30여 년 동안 교분을 쌓아왔습니다. 저자의 예수님 사랑과 말씀의 깊은 묵상은 함께하는 목회자들에게 귀감이 되었습니다. 무엇보다 사랑의교회 성도들은 특새에서 목사님의 메시지를 통해 큰 은혜를 받았습니다. "바보 중의 바보, 죽임당한 어린양 예수님, 그 예수님을 뒤따르는 바보들의 행진." 저자의 아내가 저자와 주변 사람들을 보면서 한 이야기입니다. 삼위일체 하나님의 신비는 연구나 탐구로 알 수 없으며 하나님의 사랑을 체험하고 흘려 보낼 때 경험할 수 있습니다. 그 중심에 저자가 30년 만에 새롭게 깨달은 새 계명, "내가 너희를 사랑한 것같이 서로 사랑하라"는 요한복음 말씀이 있습니다. 선교지에서 순교할지도 모르는 상황에서 붙들었던 이 말씀은 이 책 곳곳에서 생생한 삶의 고백으로 살아 우리의 심장을 뛰게 합니다. 책의 마지막 페이지를 덮으면 광야같이 메마른 가슴에 샘물이 터지는 경험을 하게 될 것입니다.

오정현 사랑의교회 담임목사

저자는 목회자와 선교사의 경험을 함께 가진 귀한 분입니다. 남부럽지 않은 교회를 섬기던 목회자가 어떤 이유로든 그 현장을 박차고 선교 사역을 출발했을 때는 그에 상응하는 강력한 부르심이 있는 법입니다. 또한 선교 현장에서 숨쉬기조차 어려운 사역의 끝자락에 서본 분이기도 합니다. 이러한 경험에서 나오는 사역적 성찰이 이 책으로 열매 맺게 되었습니다.

제가 섬기는 교회의 전교우 수련회에서 저자를 모시고 말씀을 들으며 실천적 제자도 속으로 흠뻑 빠져들었던 행복한 추억이 있습니다. 본서를 통해 주님과 사역에 대한 거룩한 절박함을 나의 것으로 삼게 되길 바랍니다.

오정호 새로남교회 담임목사, 제자훈련목회자협의회(CAL-NET) 이사장

이 책은 오랜 세월 아팠던 아내를 간호하며 신실하게 가정을 일구어온 목회자이자, 실크로드 선교지를 누비다가 북한 땅에서 억류되어 죽음 직전에까지 가보았던 선교사의 글이다. 그래서 책상에 앉아 많은 연구를 거쳐 나온 책과는 달리 그 말씀을 붙들고 씨름하며, 삶의 구체적인 자리에서 적용하며 살아왔던 현장의 체험이 생생하게 묻어 있다. 모든 삶의 순간에 변함없이 동행하시며 신실하게 책임져주시는 하나님에 대한 감격과 간증이 넘쳐나는, 그야말로 살아 있는 제자도를 보여준다. 이 책을 집어 읽는 독자마다 큰 즐거움과 가슴 벅찬 도전이 넘칠 것을 믿기에 행복한 마음으로 읽어보길 적극 추천한다.

화종부 남서울교회 담임목사

김경환 목사님의 글은 그가 삶으로 읽어낸 요한복음을 보여줍니다. 머리만으로는 하나님이 육신을 입고 이 땅에 오신 이야기를 제대로 읽을 수 없습니다. 몸으로 읽어야 합니다. 저자는 그 말씀을 제대로 읽고 살아내기 위해 끊임없이 몸부림쳤고, 하나님은 가족과 사역을 통해 어린양 예수를 따르는 제자로 사는 것이 어떤 의미인지 때로는 아프게, 때로는 기쁘게 그에게 보여주셨습니다. 독자들은 티베트에서, 중국에서, 북한에서 육신이 되어 그 땅에서 역사하신 말씀을 만나게 될 것입니다. 이 책을 온 마음으로 추천합니다.

김도현 시애틀온누리교회 담임목사

요한복음은 공관복음서와는 달리, 사도 요한이 예수님의 제자로 수십 년을 살아낸 후 말년에 고백적으로 쓴 복음서입니다. 그러므로 요한복음이 우리에게 보여주는 제자도는 이론이 아니라, 삶으로 살아낸 후에 올바로 이해하고 전할 수 있다고 봅니다.
예수님의 제자도에 관한 책은 이미 차고 넘칩니다. 그러나 저자 자신이 오랜 시간을 예수의 제자로 성실히 살아낸 후 요한복음에 담긴 깊은 제자도를 고백적으로 강해했다는 면에서 이 책은 매우 독특합니다. 저 역시 이 책을 읽으면서 요한이 삶 전체를 통해 알게 된 사랑의 제자도를 눈앞에서 보듯 쉽게 이해할 수 있었습니다.
1985년 이민교회를 전도사로 함께 섬기며 만났던 김경환 목사님은 그 시절부터 남달리 성경을 잘 풀어내셨습니다. 이제 35년을 지나 펴내는 이 책에는 나이 든 요한이 그랬던 것처럼 사랑이라는 코드로 예수님을 풀어내는 "사랑의 제자도"가 담겨 있습니다. 오늘날 팬데믹 시대를 살아가는 제자들에게 이 책은 세상을 이기는 기쁨과 담대함을 줄 것입니다.

박신욱 선교사, SEED International 국제대표

이 책은 우정의 신학을 다루고 있다. 진정한 제자도는 무엇일까? 어떻게 살아야 세상이 우리를 예수의 제자로 여길까? 본서는 "고름을 빨아내는 사랑을 통해 예수님을 영접하는 쏘놈 이야기"를 들려주며 이런 질문이 피상적으로 느껴지는 이들을 도전하고 있다. 실천을 귀찮아하고 희생을 남의 이야기로 생각하길 잘하는 나와 같은 예수쟁이에게는 여전히 괴로운 이야기이지만 그렇다고 외면할 수도 없다. 세상이 교회를 걱정하는 이유는 말뿐인 교인이 넘쳐나기 때문이다. 이 책을 읽고 죽어가는 이의 고름을 빨고 약자의 친구가 되어야 할 것이다. 껍데기 친구 말고 진정한 우정을 나눌 친구 말이다. 이제 우리에게 남은 시간은 별로 없다. 그러기에 이 책은 일독할 만한 충분한 가치가 있다.

김도일 장로회신학대학교 기독교교육학 교수

오늘날 예수님을 성형수술해서 믿는 사람이 많습니다. 자기가 따르고 싶은 예수상을 만들어냅니다. 어찌 보면 예수님을 따르기보다 이끌어가려는 모습입니다. 하지만 예수의 제자는 성형한 예수보다 맨얼굴의 예수 앞에 서길 더 좋아하는 사람입니다. 그런 예수님을 따르다가 남몰래 흘린 눈물과 땀이 있는 사람입니다. 삶의 중심뿐만 아니라 여백까지도 주님의 흔적으로 채워가는 사람입니다.

저는 김경환 목사님의 책에서 그런 제자의 흔적을 봅니다. 이 책은 단순히 요한복음을 꼼꼼하게 강해하는 데 그친 책이 아닙니다. 제자 요한의 마음속으로 들어가 현장에서 함께 호흡하며 함께 떨며, 함께 주님의 계명을 듣는 심정으로 읽었습니다. 새 계명을 주실 때의 본디 주님의 마음이 이해되기 시작했습니다. 단지 글자를 통해서는 얻기 힘든, 그 이상의 감동이 있습니다.

그래서 저자가 단순히 선교, 목회와 설교, 가정 사역을 한 것이 아니라 '예수의 제자'로 살았음을 인정하게 합니다. 이 책을 읽는 독자들이 삶의 모든 궤적 속에서 주님의 흔적을 지닌 제자로 서길 기대해봅니다.

송병주 선한청지기교회 담임목사

30년 만에
새롭게 깨달은 새 계명

미국에서 대학을 다니던 시절 저는 제자훈련에 특화된 선교단체에서 훈련을 받았습니다. 제가 몸담았던 대학 청년부는 1980년대 초 미주 지역에서 일어난 선교 운동의 중심에 있었던 교회였습니다. 그런 분위기여서 그랬는지 후에 신학교를 마치고 사역자의 길을 가면서도 열방을 품고 땅 끝의 영혼들을 사랑한다는 것이 제게 그리 어려운 일은 아니었습니다. 언어와 문화가 다른 미국에서 이민자로 살아가면서 삶의 애환과 아픔을 고스란히 겪었던 이민 1세대 교회에서 30대의 젊은 나이에 목회를 시작했지만 열방과 땅 끝을 향한 저의 사랑은 식지 않았습니다. 안정적이던 담임목회 자리를 내려놓고 47세라는 꽤 늦은 나이에 티베트 선교사로 떠나면서도 그 자체를 고생이라고 생각하지 않았던 이유는 열방과 땅 끝을 향한 저의 사랑이 꽤 단단했음을 보여줍니다. 지난 13년 동안 섬기던 한 현지인 교회가 쪼개지는 아픔을 겪으면서도, 분쟁 지역의 교회를 섬기던 중

현지에 억류되는 상황을 겪으면서도 젊어서부터 제 마음에 품어왔던 열방을 향한 사랑을 실천하는 중임을 떠올리면 저는 능히 버틸 수 있었습니다.

그런 저였지만 하나님께서 허락하신 아내를 날마다 조건 없이 사랑한다는 것은 쉽지 않았습니다. 아내는 건강이 좋지 않았습니다. 결혼 기간 30년 동안 무려 20년 이상을 병상에 누워 있었습니다. 병명이라도 알면 좋겠는데 무슨 병인지조차도 몰랐습니다. 수술을 두 번 받고 몸이 바짝바짝 말라가면서 체중은 34킬로그램까지 줄었습니다. 그런데 작은 신음에도 응답해주신다는 하나님은 우리의 가엾은 기도에 아무 응답이 없으셨습니다. 20년 동안이나 이어진 하나님의 침묵은 저에게 피를 말리는 고통의 연속이었습니다.

그러던 어느 날 어떤 의사의 도움으로 20년 만에 병명을 찾았습니다. 그리고 약을 복용하면서 뼈밖에 안 남은 몸에 살이 오르기 시작했습니다. 몸무게가 34킬로그램에서 늘기 시작해 50킬로그램을 넘어갔고 혈압도 정상으로 돌아왔습니다. 10년 만에 차를 타고 외출이란 걸 하게 되었고 12년 만에 가족끼리 외식도 할 수 있었습니다.

아내가 병상에서 일어난 후 몇 개월은 꿈을 꾸는 것 같았습니다. 그러다 차분히 마음을 가라앉히고 20년의 가정생활을 돌아보면서 자신에게 물었습니다. '나는 열방을 품고 땅 끝의 영혼들을 사랑한다고 했는데 왜 한 명의 아내를 사랑하는 것은 그렇게 힘들었을까?'

그때 저는 사랑에 대한 한 가지 사실을 깨닫게 되었습니다. 사랑은 혼자 하는 게 아니고 구체적인 관계 속에서 살아내야 한다는 것이었습니다. 젊어서부터 제자훈련을 받고 선교를 꿈꾸면서 열방과 땅 끝은 항상 제 기도의 대상이었지만 어쩌면 그들은 저에게 추상적인 존재들이었습니다. 추상적인 대상은 사랑하다 실패해도 크게 문제없었습니다. 그러나 병상에 있던 아내는 매일 일상에서 직면해야만 하는 구체적인 사랑의 대상이었습니다. 매 순간마다 나의 희생과 섬김을 필요로 했고 그 필요를 채워주지 못했을 때 자괴감은 늘 나를 힘들게 했습니다. 그렇게 20년 동안 씨름하면서 결국 저는 내 안에는 아내조차도 사랑할 수 있는 능력이 없음을 알았고 그렇기 때문에 매 순간 주님의 사랑이 아니면 한 걸음도 나아갈 수 없는 존재임을 깨닫게 되었습니다.

대학 시절 예수님을 믿은 후, 지금까지 가장 많이 본 성경이 무엇인지 묻는다면 저는 서슴없이 요한복음을 고릅니다. 예수님을 영접하고 제자훈련을 받을 때 소그룹으로 공부했던 책이 요한복음이었습니다. 신학교에서 박사 학위를 준비하다 중도에 그만두었는데 그때 쓰려던 논문도 요한복음과 관련된 것이었습니다. 12년 동안 이민 목회를 하면서 가장 많이 설교하고 가르쳤던 내용도 요한복음이었습니다. 그만큼 요한복음은 제게 친숙합니다. 그러나 오랫동안 요한복음을 배우고 연구하고 가르쳤는데도 늘 뭔가가 부족한 느낌이었습니다. 마치 마침표를 찍지 않은 문장을 보는 것 같은 느낌이라고 할까요?

그러던 어느 날, 요한복음을 쓴 저자에 대해 묵상하면서 새로운 사실을 알게 되었는데 그 깨달음은 저에게 요한복음을 보는 새로운 세계를 열어주었습니다. 그때까지 저는 늘 주님 곁에서 사랑받았던, 아직은 앳된 제자 요한을 그리며 요한복음을 읽었습니다. 그런데 그날 제가 새삼스럽게 깨달은 사실은 요한복음을 기록할 당시 요한은 인생의 산전수전을 다 겪은 할아버지였다는 것이었습니다. 평생을 주님을 위해 살았던 백전노장의 할아버지가 자기 인생의 끝자락에 서서 우리에게 들려주는 이야기가 바로 요한복음이었던 것입니다. 그 가운데 유독 요한 할아버지의 마음에 깊이 각인된 사건 하나를 고르라고 하면 요한복음 13~17장에 담긴 예수님의 고별 메시지가 아니었을까 생각합니다.

때는 유월절이었습니다. 당신의 죽음을 앞에 두고 예수님은 제자들을 불러 함께 마지막 날 밤을 보내셨습니다. 자신의 숨결이 느껴지고 심장소리가 들릴 것 같은 지척에서 제자들에게 고별 메시지를 전하셨습니다. 지난 3년간 제자들이 항상 들어왔던 말씀이기도 했습니다. 그러나 그날 예수께서 전하신 그 메시지는 입으로 선포된 말씀 이상이었습니다. 마치 자신의 말씀에 피와 살을 담아 제자들에게 나누어 주신 생명의 양식과도 같은 강렬한 메시지였습니다. 이제 백발이 성성한 노인이 되어 손은 떨리고 눈은 잘 보이지 않았지만, 그날의 메시지만은 꼭 전하고 떠나야만 할 것 같았습니다. 두루마리를 펴고 펜을 들어 꾹꾹 눌러쓴 그 메시지는 바로 '새 계명'이었습니다.

예수님도 마찬가지였습니다. 예수께서 십자가에 못 박히시기 전에 사랑하는 제자들을 향해 얼마나 하고 싶은 말씀이 많았을까요? 그러나 그 모든 바람을 한 마디의 말씀 속에 영혼을 담아 전하십니다. 바로 "내가 너희를 사랑한 것같이 너희도 서로 사랑하라"는 새 계명이었습니다. 열방을 품으라고, 큰 기적을 행하라고 하지 않으셨습니다. "서로 사랑하라" 말씀하셨습니다. 구체적인 이름 석 자가 확인되는 서로를 사랑하는 일을 통해 땅 끝은 오고 있으며 열방이 그들 가운데 자리함을 주님은 아셨습니다.

예수님께서 남기신 마지막 제자도는 바로 그러한 사랑 이야기가 구체적으로 내 이야기가 되어가는 과정이 아닐까요? 자, 예수님이 제자들을 모아 당신의 유언을 전하시던 그 장소로 가보겠습니다.

1장   새 계명,
      하나님이 찾아오시는
      오솔길

34 새 계명을 너희에게 주노니 서로 사랑하라
    내가 너희를 사랑한 것같이 너희도 서로 사랑하라

35 너희가 서로 사랑하면 이로써
    모든 사람이 너희가 내 제자인 줄 알리라

    요 13:34-35

9   하나님의 사랑이 우리에게 이렇게 나타난 바 되었으니
    하나님이 자기의 독생자를 세상에 보내심은
    그로 말미암아 우리를 살리려 하심이라

10 사랑은 여기 있으니
    우리가 하나님을 사랑한 것이 아니요
    하나님이 우리를 사랑하사 우리 죄를 속하기 위하여
    화목 제물로 그 아들을 보내셨음이라

    요일 4:9-10

세상에는 그리스도인은 아니지만 아주 감동적으로 사랑을 실천하는 분들이 있습니다. 때로는 그들이 살아가는 모습을 보면 예수를 믿는 우리가 살아내는 사랑보다 더 훌륭해 보이기도 합니다. 선교지에서도 다르지 않습니다. 다른 종교를 믿는데 우리보다 희생정신이 투철하고 섬김의 도가 뛰어난 분들을 종종 접합니다.

그럴 때마다 자신에게 묻지 않을 수 없었습니다. 과연 오늘 내가 살아내고 있는 사랑으로 저렇게 훌륭한 불신자들의 마음을 움직일 수 있을까? 솔직히 저는 이 질문에 자신 있게 대답하기 어렵습니다. 지난 13년 동안 티베트와 북한을 섬기는 선교사들과 동역하면서 이 문제가 깊은 고민이었습니다.

쓰촨성에는 티베트의 관문이라 불리는 캉딩이라는 도시가 있습니다. 그곳에는 미국 오하이오주의 콜럼버스라는 도시에서 40세가 될 때까지 병원을 운영했던 크리스토퍼라는 의사가 삽니다. 그는 40세에 어떤 모임에서 달라이 라마를 만나 인생의 의미를 깨달게 되었습니다. 그리고 얼마 지나지 않아 전 재산을 정리한 후 티베트로 이사를 왔습니다. 이후로 지난 15년 동안 해발 4,000미터가 넘는 고산을 다니며 약하고 병들고 궁핍한 자들을 섬겨오고 있습니다. 그의 도움을 오랫동안 받았던 한 청년을 우연히 알게 되었는데 함께 크리스토퍼의 집에 초대를 받아 간 적이 있습니다. 그의 집을 방문했을 때 받았던 충격이 아직도 기억에 생생합니다. 그가 사는 집은 아주 허름한 한 칸짜리 아파트였는데 옷장 안에는 단 두 벌의 옷만 걸려 있었습니다.

집으로 돌아오는 길에 제게 있던 사랑의 내용을 심각하게 고민하지 않을 수 없었습니다. 예수를 믿지 않는 저 의사가 살아냈던 사랑의 내용이 내가 살아낸 사랑의 내용보다 더 훌륭해 보였기 때문입니다. 그렇다면 저 의사가 살아낼 수 없는, 우리만이 살아낼 수 있는 사랑의 내용은 도대체 무엇일까요? 이 질문에 분명한 대답을 찾지 못한다면 나는 적어도 저 의사에게는 전도할 수 없겠다는 생각이 들었습니다.

북한도 다르지 않습니다. 여러분은 북한을 어떻게 생각하십니까? 남한에 사는 많은 이들이 북한은 어둠이 지배하는 땅이고, 두려움으로 가득한 땅이라고 생각합니다. 사랑의 흔적조차 다 사라져버린 척박한 땅이라고 생각합니다.

그러나 북한 역시 사람 사는 땅입니다. 하나님은 이 땅에 비를 내리실 때 북한에도 비를 내리십니다. 이곳에 선한 자와 악한 자가 있듯이 그 땅에도 선인과 악인이 있습니다.

몇 년 전 북한에 들어갔다가 보름 정도 억류된 적이 있었습니다. 그때 한 조사실에서 저와 함께 먹고 자며 붙어 지냈던 보위부의 김모 계장이 있습니다. 그는 조사관이고 나는 조사받는 사람이다 보니 처음에는 둘 사이에 긴장감이 돌 수밖에 없었습니다. 그러나 시간이 지나면서 우리는 사람 사는 이야기, 즉 고향이야기, 부모님 이야기, 자식 키우는 이야기를 주고받았습니다. 그러다 보니 어느덧 긴장감은 사라지고 우리는 소위 동포애를 느끼기 시작했습니다. 열흘 정도 지나면서 조사관은 내가 풀려나길 진정 바라고 있다는 사실까지 자연스럽게 느껴질 정도였습니다. 아니나 다를까 보름 정도가 지난 어느 아침에 그는 제 손을 꼭 잡고 이렇게 이야기합니다. "김 선생님, 이제 선생님을 풀어주라고 합니다. 참 잘되었습니다. 이제 미국에 돌아가셔서 가족과 함께 좋은 보내시고 언제 한번 꼭 다시 오시기 바랍니다."

그러고는 제게 준비한 선물을 건네주었습니다. 러시아제 털모자였습니다. 그런데 참으로 이상했습니다. 제 손을 잡은 그의 손이 얼음장처럼 차가운 것이었습니다. 바깥 날씨는 영하 15도를 밑돌았지만 제 침대 안에는 전기담요가 있었기에 비교적 잠은 따뜻하게 잘 수 있었습니다. 그런데 이 조사관의 손이 이렇게 찬 이유는 무엇일까 해서 그의 침대에 손을 넣어보았더니 전기담요가 고장 나 있었던 것입니다.

그에게 "처음부터 고장 났느냐"고 물었더니 고개를 끄덕이며 그렇다고 대답합니다. "당신이 조사관이고 내가 조사받는 사람이면 내가 추운 침대에서 자고 당신이 따뜻한 침대에서 주무셔야지 왜 이렇게 했습니까?"라고 물었더니 그의 대답이 이러합니다.

"선생님, 우리는 동포 아닙니까? 조국을 위해 좋은 일 하러 오셨다가 불편을 딩하시는데 잠이라도 따뜻하게 주무시고 가셔야죠" 하는데 그의 눈에는 눈물이 그렁그렁 고여 있었습니다. 순간 저는 먹먹해졌습니다. 제 눈앞에서 펼쳐지는 이 상황이 도대체 해석이 되질 않았습니다. 저는 제 안에 있는 그리스도의 사랑으로 그 땅에 사는 이들을 섬긴다면 갈라진 남과 북이 하나 될 것이라 믿었습니다. 그런데 그 믿음이 순간 흔들렸습니다. 주체사상을 믿는 그의 동포사랑이 나의 동포사랑보다 더 훌륭해 보였습니다.

그때 제 마음에 새롭게 떠올랐던 말씀이 '새 계명'입니다. 주님께서 우리에게 서로 사랑하라고만 말씀하시지 않았다는 사실이 새롭게 마음에 와닿았습니다. 그러셨다면 그때 저는 다 포기했을 것입니다. "예수님, 저는 도저히 저들을 사랑할 수 없어요"라고 말씀드리고 북한 선교를 접었을 것입니다. 그런데 주님은 그날 저에게 새롭게 말씀하셨습니다. 주님은 "서로 사랑하라"는 말씀에 "내가 너희를 사랑한 것같이"를 덧붙이셨습니다. 중요한 것은 주님이 사랑한 것같이 사랑하라는 말씀이었습니다. 과연 주님이 우리를 사랑한 것같이 서로 사랑한다는 말씀의 의미는 무엇입니까?

새 계명 실천은 추상적인 사랑을 구체화하는 과정

고별 메시지를 전하시는 예수님은 자신의 때가 다가오고 있음을 아셨습니다. 그때 예수님은 긴박한 상황을 이렇게 말씀하십니다. "이

제 밤이 깊었구나. 이제 저 세상은 나를 미워하고 나를 핍박할 것이다. 심지어는 나를 죽이기까지 할 것이다. 그리고 나를 믿는 너희 역시 미워하고 핍박할 것이다."

그때 제자들은 두 주먹을 불끈 쥐면서 이렇게 말했을 것입니다. "예수님, 이제 때가 왔습니다. 저희에게 칼과 창을 들려주십시오. 그리고 유월절에 모인 저 군중에게 말씀하십시오. 우리가 앞장서서 저 로마군대를 몰아내고 하나님 나라를 이루겠습니다." 갈릴리에서 잔뼈가 굵은 제자들로서는 얼마든지 그렇게 생각할 수 있었습니다. 그런데 이런 그들에게 예수님은 찬물을 끼얹는 말씀을 하십니다.

"새 계명을 너희에게 주노니 서로 사랑하라. 내가 너희를 사랑한 것같이 너희도 서로 사랑하라. 너희가 서로 사랑하면 이로써 모든 사람이 너희가 내 제자인 줄 알리라"(요 13:34~35).

옛 계명의 핵심이 무엇입니까? "너는 마음을 다하고 뜻을 다하고 힘을 다하여 네 하나님 여호와를 사랑하라"(신 6:5). 하나님을 사랑하는 것입니다. 그런데 새 계명에서 예수님은 "서로 사랑하라"고만 하셨습니다. 옛 계명은 하나님을 사랑하라고 명하셨는데, 예수님은 이 말씀을 새 계명에서 "서로 사랑하라"는 말로 바꾸셨습니다.

왜 예수님은 그렇게 중요한 옛 계명을 바꾸셨을까요? 눈에 보이지 않는 하나님을 사랑하는 일은 얼마든지 추상적으로 흐를 수 있기 때문입니다. 그러나 우리가 서로 사랑하면 눈에 보이지 않는 하나님 사랑이 우리 관계 속에서 구체적으로 드러나게 됩니다. 즉, 우리가 서로 사랑하면 눈에 보이지 않는 하나님 사랑을 눈으로 보고, 귀로 듣고, 손으로 만질 수 있습니다.

요한은 '사랑'이라는 단어를 요한복음에서 57번 사용했고 요한 일시에서 46번 사용했습니다. 오죽했으면 두 성경에 걸쳐 사랑이라는 단어를 무려 100번 이상 사용했을까요? 물론 예수님의 핵심 가르침이 사랑이었기에 이것을 강조했을 가능성이 큽니다. 그러나 다른 면에서 보자면, 다른 제자보다 더 오래 살았던 요한은 죄성을 지닌 인간이 사랑하는 게 얼마나 힘든 일인지 알았기 때문입니다. 그래서 요한은 사랑과 관련된 다양한 표현을 반복적으로 사용하여 제자들에게 사랑할 것을 당부했습니다.

하지만 정작 이 말씀을 들은 제자들은 깊은 회의에 빠집니다. 지난 3년간 공동체 생활을 하면서 사랑한다는 게 얼마나 힘든 일인지 이미 충분히 경험했기 때문입니다.

저는 본래 사랑이 많은 사람인 줄 알았습니다. 그런데 결혼생활을 30년 하고 난 지금에야, 사랑이 결코 쉽지 않음을 인정하게 됩니다. 북한을 사랑하고 열방을 사랑하고 땅 끝을 사랑하는 것은 그리 어렵지 않았는데, 아내 한 사람을 사랑한다는 게 쉽지 않았습니다. 아내는 건강이 좋지 않았습니다. 결혼 기간 30년 동안 무려 20년 이상을 병상에 누워 있었습니다. 병명이라도 알면 좋겠는데 무슨 병인지조차 알 수 없었습니다. 수술을 두 번 받고 몸이 바짝바짝 말라가면서 체중은 무려 34킬로그램까지 줄었습니다. 몸무게가 안 나가니 도무지 기력이 없고 혈압도 떨어집니다. 아내는 매일 아침 이렇게 기도했습니다. "하나님, 숟가락 집을 힘이 없습니다. 힘을 주셔야 밥 한술 떠먹고 한 날을 살겠는데, 그 힘이 없네요."

제가 보기에도 애절한 기도였습니다. 그런데 작은 신음에도 응답해주신다는 하나님은 우리의 가없은 기도에 아무 응답이 없으셨습니다. 차라리 우리에게 잘못이 있어서 대가를 지불하는 것이라고 하셨다면 오히려 견디기 쉬웠을 것입니다. 20년 동안 이어진 하나님의 침묵은 너무나 고통스러웠습니다.

그러던 어느 날 어떤 의사의 도움으로 20년 만에 병명을 찾았습니다. 그리고 약을 복용하게 되면서 뼈밖에 안 남은 몸에 살이 오르기 시작했습니다. 몸무게가 34킬로그램에서 늘기 시작해 50킬로그램을 넘어갔고 혈압도 정상으로 돌아왔습니다. 하루에 한 끼를 간신히 먹을 수 있었던 아내는 이제 하루 세 끼를 잘 먹게 되었습니다. 10년 만에 차를 타고 외출이란 걸 하게 되었고 12년 만에 가족끼리 처음으로 외식도 할 수 있었습니다.

몇 년이 지난 후, 쉽지 않았던 그 시간 속에 낱낱이 드러난 나의 모습에 대해 이제는 조심스럽게 말할 수 있습니다. 아내를 돌보는 과정 속에서 저의 사랑 없는 참담한 모습이 드러났습니다. 그렇게 오랫동안 감춰져 있던 민낯이 다 드러났을 때 절망할 수밖에 없었지만 오히려 그때 비로소 사랑의 하나님을 바라보게 되었습니다. 이것이 저만의 경험은 아닐 것입니다. 제대로 사랑하는 일이 어렵다는 것은 모두 경험한 바가 있습니다.

그렇다면 한 가지를 질문하고 싶습니다. "왜 사랑이 이토록 힘들까요?" 각자의 경험은 다 다르지만, 사람들은 이런 질문에 주로 "사랑을 받아보지 못해서요", "내 안에 내가 너무 많아서 그렇습니다" 혹은 "두려워서 그런 게 아닐까요?"라고 답합니다.

이 모든 답을 아우르는 근본적인 이유가 하나 있습니다. 바로 사랑은 '혼자 할 수 없기 때문에' 힘든 것입니다. 만약 열심히 준비해서 대학에 합격하는 것처럼 우리가 노력해서 일정한 사랑의 수준에 도달할 수 있다면 제법 사랑에 통달했다는 사람을 만날 수 있을지도 모릅니다.

그러나 사랑은 그렇게 이루어지지 않습니다. 사랑에는 반드시 대상이 있습니다. 우리가 사랑해야 할 구체적인 이름 석 자가 있습니다. 그런데 그들이 말도 안 되는 대상일 때가 많습니다. 사랑하고 싶지 않은 사람, 혹은 도저히 사랑할 수 없는 상대입니다. 하지만 하나님은 그런 사람을 사랑하라고 말씀하십니다. 만약 우리가 그를 사랑하지 않는다면 적어도 그와의 관계에서 하나님이 가르쳐주시려는 그 사랑은 배울 수 없게 됩니다.

그래서 예수님도 제자들의 발을 씻기고 나서 새 계명을 주시며 "서로 사랑하라"고 하셨습니다. 여기 '서로'라는 단어에는 베드로, 안드레, 야고보, 요한… 등 구체적으로 사랑해야 할 이름이 담겨 있었습니다. 예수님은 제자들에게 사랑하라고 말씀하시면서 그 대상을 분명히 보여주신 것입니다. 이 부분이 얼마나 중요했으면 이스라엘 백성이 목숨처럼 중요하게 생각했던 옛 계명도 새롭게 바꾸셨습니다.

몇 년 전 미 동부의 모 청년부 수양회에 가서 말씀을 전했습니다. 그때 제가 청년들에게 사랑을 이야기하면서 이렇게 도전했습니다. "여러분, 우리 모두 원수까지도 사랑하며 삽시다."

그런데 청년들 반응이 시큰둥합니다. 속으로 '이런 비현실적인 말씀을 저렇게 담대하게 전하다니' 하고 생각하는 것 같았습니다. 아니나 다를까, 예배를 마치고 한 청년이 저를 찾아와 묻습니다. "목사님, 원수를 사랑하라는 말씀이 성경에 있습니까?"

제 옆에 있던 청년부 간사 한 분이 그 이야기를 듣고는 어이가 없다는 듯 산상수훈의 말씀을 펼쳐 "나는 너희에게 이르노니 너희 원수를 사랑하며 너희를 박해하는 자를 위하여 기도하라"(마 5:44)는 말씀을 보여주었습니다. 그러자 청년은 고개를 갸우뚱하면서 "이런 말씀이 성경에 있네요. 그런데 왜 저는 없다고 생각했을까요?"라고 반문했습니다.

왜 그 청년은 그렇게 생각했을까요? 그는 원수라는 단어를 단한 번도 구체적인 이름 석 자와 연결해본 적이 없기 때문입니다. 청년은 원수를 "공중의 권세 잡은 자"(엡 2:2)와 같은 추상적인 대상이나 추상적인 영역으로 생각했기 때문입니다. 그런 추상적인 원수는 사랑하지 않더라도 별로 고민이 되지 않는 게 사실입니다. 하나님 말씀을 읽더라도 깊이 고민하지 않는다면 그냥 지나치기 때문에 성경에 없다고 착각하기 마련입니다.

그런데 70세 이상 어르신만 모이는 어떤 제자훈련 모임에서 강의하다 동일한 질문을 했습니다. 그때 이분들은 다 고개를 숙이고 긴 한숨을 내쉽니다. 왜 그랬을까요? 인생을 오래살고 보니 원수가 한 명쯤은 있다는 사실을 알기 때문입니다. 그것도 바로 집 안에 있습니다. 자기와 가까이 사는 남편, 아내 혹은 자식이나 며느리가 떠오릅니다. 이분들에게 원수는 더 이상 추상적인 대상도, 추상적인 개념도 아닌 구체적인 이름 석 자로 다가옵니다.

　세상에 깃든 어둠은 어둠으로 몰아낼 수 없고, 오직 빛으로만 몰아낼 수 있습니다. 마찬가지로 미움으로 가득한 이 세상과 미움의 세력을 미움으로 이길 수는 없습니다. 오직 사랑으로 미움을 이길 수 있다는 말씀입니다. 우리를 핍박하는 세상과 오직 사랑으로 싸우는 것입니다. 시대가 바뀌고 상황이 달라져도 세상에 대한 우리의 반응까지 달라져서는 안 됩니다. 오직 사랑으로 싸워 이겨 사랑을 드러내야 합니다.

출발점이 다른 사랑

예수님은 요한복음 13장에서 새 계명을 주시기 전에 아주 독특한 예전을 하나 행하십니다. 바로 제자들의 발을 씻기는 세족식이었습니다. 사실 이 세족식은 예수님이 처음으로 행하셨던 것이 아니었습니다. 그 전에 누군가가 먼저 예수님의 발을 씻겨 주었습니다. 그러니까 요한복음 안에는 세족식이 두 번 등장합니다. 요한복음 12장에 첫 번째 세족식이 등장합니다. 13장에 예수님께서 행하신 세족식 전에 12장에서 마리아가 행한 세족식이 있었습니다.

　유월절 엿새 전에 베다니에서는 예수님을 모시고 잔치가 열립니다. 누가 잔치를 열었는지는 나와 있지 않습니다. 그곳은 예수님께서 나사로를 살리신 곳이니 아마 나사로의 가족이나 그를 잘 아는 지인이 이 은혜를 기념하면서 베푼 잔치였다고 짐작합니다. 죽은 자가 살아났던 기억이 아직도 생생하니 그 분위기가 얼마나 좋았겠습니까?

그런데 잔치 분위기가 한참 무르익어갈 무렵, 한 여인이 등장하고 사람들 이목은 거기로 집중됩니다. 생각해보십시오. 어떤 파티에서 한 여인이 긴치마를 입고 등장하는데 치마 한 자락을 허벅지까지 올립니다. 그 자체도 분위기에 어울리지 않는데 예수님 앞에 다가가 털썩 앉더니 갑자기 값비싼 옥합을 깨서 예수님의 발에 붓습니다. 그리고 머리를 풀어헤친 후에 긴 머리카락을 수건 삼아 예수님의 발을 닦습니다.

요즘처럼 소셜네트워크가 발달한 시대라면 이 사건은 당장 실시간 검색어 1위를 차지할 정도로 놀라운 사건이었습니다. 그런데 주님은 어찌 보면 과도한 이 여인의 헌신을 그냥 두라고 하십니다. 그리고 나서 놀라운 말씀을 하십니다. 이 여인의 넘치는 헌신은 곧 다가올 십자가 죽음을 예비한 헌신이라고 하신 것입니다.

그렇다면 예수님께서 13장에서 행하신 세족식 역시 다가올 십자가 죽음을 내다보며 베푸신 예식이라고 보아야 합니다. 요한은 이 사실을 강조하려고 이 두 세족식에 '엑마소'라는 동일한 헬라어를 사용합니다. 마리아가 예수님의 발을 씻었다고 했을 때 사용한 동사가 원어로 '엑마소'인데 예수께서 제자들의 발을 씻기고 수건으로 닦았다고 했을 때도 똑같이 '엑마소'를 사용합니다.

이러한 맥락에서 예수님이 "내가 너희를 사랑한 것같이" 서로 사랑하라고 하셨다면, 그 사랑은 바로 세족식 속에 담긴 십자가 사랑의 흐름에서 사랑하라는 말씀이라고 보는 것이 당연합니다. 단순히 제자들을 배려해서 발을 닦아주는 정도의 사랑이 아니었다는 의미입니다. 관계가 소원해진 친구들 사이에서 발을 닦아주며, 니는 가지만 서로 잘 지냈으면 좋겠다는 마음을 표현하는 정도가 아니었습니다.

온 인류를 구원하시기 위해 하나님 아들이 자신의 목숨까지 내어주신 십자가의 사랑 안에서 서로 사랑하라는 것입니다. 십자가에서 당신의 목숨을 바친 그 사랑만큼 사랑하라는 것은 아닙니다. 십자가에서 시작된 사랑의 흐름에 동참하여 나눈 그 사랑을 흘려보내라는 것입니다.

그러나 어떤 제자도 세족식에 담긴 십자가 사랑을 제대로 이해하지 못했습니다. 예수님의 품에 늘 있었던 요한조차도 세족식에 담긴 사랑을 이해하지 못했고 그래서 "내가 너희를 사랑한 것같이 사랑하라"는 의미를 당시에는 몰랐습니다. 그런데 예수님이 십자가에 죽으시고 부활하신 후에 성령을 받게 됩니다. 그제야 요한은 새 계명에 담긴 사랑의 의미를 깨닫습니다.

요한은 이 깨달음을 요한일서 4장 7~12절에 이 말씀을 녹여냅니다. 마치 주석을 달아놓은 것처럼 자신이 깨달은 새 계명의 의미를 상세하게 해석합니다. 특히 "내가 너희를 사랑한 것같이"의 의미를 9~10절에서 깊이 있게 해석합니다.

하나님의 사랑이 우리에게 이렇게 나타난 바 되었으니 하나님이 자기의 독생자를 세상에 보내심은 그로 말미암아 우리를 살리려 하심이라. 사랑은 여기 있으니 우리가 하나님을 사랑한 것이 아니요 하나님이 우리를 사랑하사 우리 죄를 속하기 위하여 화목 제물로 그 아들을 보내셨음이라(요일 4:9~10).

요한은 선포합니다. "우리가 하나님을 사랑한 것이 아니요." 이 말씀에는 숨겨진 의미가 있습니다. 옛 계명은 완전한 실패로 끝났다는 것을 간접적으로 말합니다. 우리가 주어가 되어 우리가 주도한 사랑이었기 때문입니다. 그래서 이번에는 하나님께서 리셋 버튼을 누르시고 직접 사랑을 시작하십니다. "하나님이 우리를 사랑하사…"

출발점이 달라졌습니다. 우리가 시작한 사랑이 아닌 하나님이 시작하신 사랑입니다. 하나님께서 주어가 되시고 그분이 주도하신 사랑입니다. 하나님은 그 사랑을 어디에서 시작하셨습니까? 바로 십자가에서 시작하셨습니다.

그렇다면 "내가 너희를 사랑한 것같이"는 '주님이 사랑하신 만큼' 사랑하라는 말씀이 아닙니다. 십자가에서 시작된 하나님 사랑의 흐름에 들어가 그 사랑을 경험하고 흘려보내는 일에 동참하라는 것입니다. 그때 우리는 비로소 세상 사람들이 나누는 사랑과 차별된 하나님의 사랑을 할 수 있다는 것입니다.

"당신은 하나님인가요?"

티베트에서 함께 사역했던 한 선교사님이 있습니다. 함께 만나 교제를 나누다 같은 팀이 되었습니다. 누가 보아도 이분은 신실했습니다. 그런데 처음 만났을 때 이 선교사님은 깊은 패배감에 빠져 있었습니다. 처음에는 왜 그럴까 생각했는데 저도 티베트를 몇 년 섬기면서 알게 되었습니다. 아주 견고한 진으로 둘러싸인 티베트는 어떤 탁월한 선교사도 얼마든지 좌절과 절망에 빠뜨릴 수 있는 곳이었습니다.

처음 그분을 만났을 때 삶의 많은 부분이 망가져 있었습니다. 일단 건강이 좋지 않았습니다. 고산지대를 다니면서 사역을 하다 보니 심장이 나빠져 블랙아웃으로 쓰러지기 일쑤였습니다. 사모님은 30대의 젊은 나이에 이미 두 번이나 암 수술을 받았습니다. 게다가 목사님은 10년 가까이 수고했지만 열매가 없다 보니 후원이 많이 끊겨 하루하루 근근이 살아가고 있었습니다.

하루는 선교사님의 사정이 너무 딱해 기도제목을 달라고 했더니 그분은 이런 말씀을 했습니다. "목사님, 이렇게 가다가 완전히 무너질까 두렵습니다. 더도 말고 단 한 번만 다시 일어날 만큼의 열매를 보았으면 좋겠습니다." 그 이야기를 듣는데 제 마음이 짠해졌습니다. 그분을 위해 뭐라도 해야 한다는 생각이 들었습니다.

그래서 저는 제 사역을 다 접어놓고 부족하지만 그분의 필요를 조금씩 채워가기 시작했습니다. 물론 제가 한 것은 보잘것없는 오병이어에 불과했습니다. 그러나 그 오병이어가 주님의 손에 놓였을 때 실질적으로 5,000명을 먹이는 기적이 일어나는 것을 보았습니다. 그 선교사님에게도 신비한 사역의 열매들이 보이기 시작했습니다.

티베트의 해발 4,100미터 고원지대에 타공이라는 조그만 도시가 있는데 그곳에 한 활불(活佛)이 관리하는 불경신학교가 있었습니다. 그런데 우리 상식으로는 상상할 수 없는 일이 벌어졌습니다. 그 활불이 불경을 가르치는 학교에 선교사님 부부를 중국어 선생으로 초청한 것입니다. 기독교 복음을 전하는 선교사를 불경학교에 선생님으로 초청하는 이상한 일이 벌어졌습니다.

결국 10년의 기다림 후에 하나님께서 베풀어주신 기적이라는 말 외에는 달리 설명할 길이 없었습니다. 10년 만에 찾아온 기회였으니 선교사님도 최선을 다해 학생들에게 중국어를 가르쳤습니다. 학생들 반응이 뜨겁자 학교에서는 이분에게 모든 교양과목을 가르치게 했고 나중에는 학생의 성품 교육과 생활 교육까지 맡기게 됩니다.

3년 정도가 지났을 때 이 선교사님은 이제 학교에서는 없어서는 안 되는 중요한 분으로 자리매김했습니다. 그때 자신이 가르친 학생들이 학교를 졸업하고 불교 사원으로 들어가는 모습을 보며 선교사님은 깊은 고민에 빠집니다.

'저 학생들이 이 학교를 떠나 사원에 들어가면 이제 평생토록 복음을 접할 기회가 없을 텐데…. 만약 하나님이 저들의 핏값을 묻는다면 나는 무엇이라고 답할 수 있겠는가? 나는 저들의 선생으로 친구도 될 수 있고 아비 노릇도 할 수 있지만, 저들의 구원자가 될 수는 없지 않은가? 구원자 되신 예수를 소개하려면 나는 어떻게 해야 하는가?'

그때 우리의 생각을 초월해서 일하시는 하나님이 친히 역사하기 시작하셨습니다. 학생 중에 가장 불심이 깊은 쏘놈이라는 학생이 있었습니다. 그가 발을 다쳤는데 제때 치료를 받지 못해 상처 부위가 감염되면서 발목 근처가 완전히 고름으로 범벅이 되어 버렸습니다. 아무리 항생제를 먹어도 상처는 아물지 않았습니다.

그때 하나님의 강력한 사랑이 선교사에게 임하였습니다. 그는 쏘놈에게 다가가 그 앞에 무릎을 꿇고는 자기 머리를 숙여 아이의 상처 부위에 입을 갖다 대더니 입으로 고름을 빨아내기 시작했습니다. 그때 모든 시선이 그 선교사에게 집중됩니다. 운동장에서 뛰놀던 아이들도 멈추고 모두 그 장면을 쳐다봅니다. 담소를 나누던 승려들도 묵묵히 그 장면을 봅니다.

그때 한 승려가 침묵을 깨고 이렇게 말합니다. "이 넓은 티베트 땅에서 수많은 고승들을 보았지만 저렇게 불심이 깊은 사람은 처음이지 않은가?", "저런 선생이 우리와 함께 오래 있어 주면 얼마나 좋을까?"

자신의 더러운 발목에 입을 맞추고 고름을 빨아내는 선생님을 보며 쏘놈은 어찌할 줄 몰라 합니다. 처음에는 발목을 감추며 강하게 거부했던 쏘놈이었는데 언제부터인가 갑자기 부동자세로 한참 동안 선교사의 충격적인 행동을 주시합니다. 그러다가 마치 확성기를 대고 이야기하듯 이렇게 묻습니다.

"Are you God?"("당신은 하나님인가요?")

그때 쏘놈은 진실로 자기 눈으로 하나님을 목도한 것입니다. 그런데 그 '하나님'은 자신이 18년간 불공을 드리며 만났던 신과는 본질적으로 달랐습니다. 전혀 새로운 분이었습니다. 그는 자신이 경험했던 하나님과 전혀 다른 이 새로운 하나님이 누구인지 알고 싶었습니다. 결국 그는 불경학교를 떠나 선교사를 찾아가 그 하나님을 가르쳐달라고 간청합니다. 그렇게 쏘놈은 성경공부를 시작했고 6개월 후 선교사를 통해 보았던 그 하나님을 자기 하나님으로 영접합니다. 그날 쏘놈은 예수님을 영접하며 고백합니다.

"이제 나는 예수님을 내 삶의 주인으로 모십니다. 이제 나는 일평생 이 예수님을 배반하지 않을 것입니다. 고향에 돌아가서 설사 그 땅에 예수를 믿는 자가 나 혼자라 해도 나는 결단코 예수를 배반하지 않을 것입니다."

쏘놈이 예수님을 영접한 날은 성탄절 이브였고, 그는 다음 날인 성탄절에 성부 성자 성령의 이름으로 세례를 받습니다.

저는 선교사의 사랑이 위대했다고 하는 게 아닙니다. 그분은 단지 하나님이 주신 그 사랑을 나누었을 뿐입니다. 그런데 그 사랑에 기적이 일어난 것입니다. "사랑하는 자마다 하나님으로부터 나서 하나님을 알고…"라는 말씀이 그대로 임했던 것입니다.

우리의 사랑은 부족합니다. 그러나 부족하나마 그 사랑을 나눌 때 거기에는 나와 너의 사랑만 있지 않습니다. 그 사랑으로 서로 사랑할 때 세상이 우리를 부르는 이름이 바로 '제자'입니다. "너희가 서로 사랑하면 이로써 모든 사람이 너희가 내 제자인 줄 알리라." 서로 사랑하면 세상은 우리가 제자인 것을 확인합니다.

제자훈련 프로그램이 잘되어 있는 교회에서 성장한 성도들도 그 프로그램을 이수하고 수료증을 받았으므로 제자가 되는 것이 아님을 잘 알고 있습니다. 제자라는 호칭은 교회 안에서 성도들끼리 부르는 호칭이 아닙니다. 오히려, 예수님을 닮아가는 성도들을 보면서 세상이 붙인 호칭입니다.

그들이 무엇을 보고 이렇게 부르는 것인가요? 성경에 통달했기 때문일까요? 많은 기도 시간 때문인가요? 아닙니다. 우리가 서로 사랑하는 것을 보고 세상은 말합니다. "당신들이 서로 사랑하는 것을 보니 정말 예수님을 보는 것 같네요. 예수를 닮은 당신들을 '작은 예수'라고 하지요." 세상이 서로 사랑하는 공동체를 보며 예수를 닮았다 해서 제자라는 별명으로 부르는 것입니다. 그 관계 속에 하나님의 사랑이 임합니다. 그 사랑을 보고 세상은 "작은 예수", "주님의 제자"라고 부릅니다.

요한복음 13장에서 이 말씀을 들은 제자들은 3년 동안 말씀이신 예수님과 함께 살았던 사람들입니다. 예수님과 함께 다니며 기도가 일상이 되었던 제자들입니다. 예수님은 그들에게 말씀과 기도의 삶을 넘어선 제자도의 '흔적'(마크)을 말씀하신 것입니다.

내가 되어 죽고, 내가 되어 살고

하나님이 주어가 되어 시작한 사랑임을 강조하기 위해 요한은 아주 과감한 표현을 사용합니다. 요한일서 4장 7~13절에 나오는 '사랑'에 해당하는 단어를 전부 '아가페', 즉 '하나님 사랑'으로 씁니다. 심지어 우리에게 "서로 사랑하라"고 할 때도 '아가페'를 사용합니다.

서로를 사랑하는 것조차도 우리 사랑으로 할 수 없다는 것입니다. 오직 십자가에서 시작된 그 사랑에 참여하여 그 사랑을 흘려보낼 때만 서로의 사랑도 가능한 것입니다.

하나님이 시작하신 그 사랑의 특징은 무엇입니까? "우리 죄를 속하기 위하여 화목제물로 그 아들을 보내셨음이라." 아들을 화목제물로 보내신 사랑입니다. 이는 바울신학과 좀 다릅니다. 바울은 "화목제물로 바쳤다"를 강조합니다. 그런데 요한복음은 하나님이 그 아들을 "보내셨다"를 강조합니다. 본문에서 요한은 하나님이 아들을 두 번이나 보내셨음을 강조합니다. 하나님께서 독생자를 우리에게 보내시고, 또 화목제물로 그 아들을 보내시고, 이렇게 두 번의 보내심을 강조합니다.

예수님 편에서 보면 정말 기막힌 일이 아닐 수 없었습니다. 이 표현은 하나님이 인간이 되셨다는 뜻을 담고 있기 때문입니다. 그것도 두 번이나 그러합니다. 정말 예수님은 우리와 같이 '고깃덩어리'가 되셨고, 우리처럼 되신 예수님은 또한 십자가의 제물이 되셨습니다. 하나님이 죄를 짊어진 인간이 되셨고, 또한 사람이 되신 하나님은 화목제물로서 나 대신 죽으셨습니다. 그렇게 내가 되셨기에 내가 죽은 것이고, 내가 되어 죽으셨다 사셨기에 내가 산 것입니다.

하나님이 시작하신 사랑의 특징을 한마디로 표현한다면 무엇일까요? 하나님이 내가 되어 죽은 사랑입니다.

어떤 모임에서 "사랑이 왜 힘이 들까요" 하고 물었을 때 어떤 사람이 아주 심각한 얼굴로 이렇게 대답했습니다.

"나는 네가 아니고, 너는 내가 아니기 때문입니다."

다른 사람들은 다들 황당한 이야기라고 킥킥 대고 웃었습니다. 그런데 그분을 보니 자못 심각했습니다. 자기 이야기가 웃음거리가 되어서 그런지 그분은 더 큰 소리로 이야기합니다.

"목사님, 나는 나, 너는 너라고 생각하는 관계에서 어떻게 연합을 말할 수 있을까요? 연합을 이야기할 수 없는 우리가 어떻게 사랑을 이야기할 수 있습니까?"

그 이야기를 듣는 순간, 요한복음의 메시지가 통째로 깨달아졌습니다. 왜 예수님께서 사랑을 말씀하실 때마다 "내가 너희 안에, 너희가 내 안에"라는 표현을 사용하셨는지 알게 되었습니다. "내가 너희 안에"는 "나는 네가 되겠다"는 의미입니다. 그러므로 사랑을 말씀하시면서 연합을 강조하신 이유는 주님이 우리를 사랑하시되 "네가 되는 사랑"을 하시겠다는 뜻입니다.

그리고 "네가 되는 그 사랑"의 정점이 십자가였던 것입니다. 예수님이 내가 되셔서 십자가에 달려 죽으셨습니다. 그래서 내가 죽었습니다. 내가 되어 죽으신 예수님이 내가 되어 다시 살아나셨습니다. 그래서 나도 살아났습니다.

인간 사랑의 한계가 무엇입니까? "나는 네가 될 수 없다"는 것입니다. 그래서 인간의 사랑이 아무리 멋있어 보여도 결국 그 사랑은 '네가 될 수 없는' 인간의 사랑에 불과합니다. 앞에서 소개한 티베트의 인도계 미국인 의사의 희생과 섬김이 아무리 훌륭해 보여도 그들 동기의 껍질을 벗겨보면 중심에는 자기 행복과 만족이 있습니다. 자신이라는 경계를 넘지 못합니다. 북한 보위부 계장의 동포 사랑이 아무리 고결해 보여도 그 사랑 역시 이념의 장벽을 넘지 못합니다. 미국에서 만난 많은 독지가 역시 큰돈으로 소수민족을 열심히 도울 수는 있지만 백인이 흑인이 될 수는 없습니다. 인종의 벽을 넘지 못하는 경우를 많이 보았습니다.

그러나 이 세상과 차별화된 참사랑이 바로 여기 있습니다. 하나님이 스스로 하나님 되심(God-ness)의 경계를 넘어 우리가 되셨습니다. 죄 없으신 분이 죄 없음(sin-lessness)의 경계를 넘어 죄인 아닌 죄인으로 십자가에 죽으신 것입니다. 하나님이 내가 되셨습니다. 내가 되신 그분이 십자가에 죽으셔서 나도 함께 죽었습니다. 그리고 주님이 내가 되어 살아나셨기에 나 또한 살아났습니다.

우리가 동참해야 할 사랑은 바로 이 사랑입니다. 이 사랑만이 너와 나의 벽을 무너뜨릴 수 있습니다. 이 사랑만이 높고 높은 이념의 벽과 인종의 벽을 극복할 수 있습니다.

2장   발에 하는 안수식

1   유월절 전에 예수께서 자기가 세상을 떠나
    아버지께로 돌아가실 때가 이른 줄 아시고
    세상에 있는 자기 사람들을 사랑하시되
    끝까지 사랑하시니라

2   마귀가 벌써 시몬의 아들 가룟 유다의 마음에
    예수를 팔려는 생각을 넣었더라

3   저녁 먹는 중 예수는 아버지께서 모든 것을
    자기 손에 맡기신 것과
    또 자기가 하나님께로부터 오셨다가
    하나님께로 돌아가실 것을 아시고

4   저녁 잡수시던 자리에서 일어나 겉옷을 벗고
    수건을 가져다가 허리에 두르시고

5   이에 대야에 물을 떠서 제자들의 발을 씻으시고
    그 두르신 수건으로 닦기를 시작하여 …

14 내가 주와 또는 선생이 되어 너희 발을 씻었으니
    너희도 서로 발을 씻어주는 것이 옳으니라

15 내가 너희에게 행한 것같이
    너희도 행하게 하려 하여 본을 보였노라 …

31 그가 나간 후에 예수께서 이르시되
    지금 인자가 영광을 받았고
    하나님도 인자로 말미암아 영광을 받으셨도다

32 만일 하나님이 그로 말미암아 영광을 받으셨으면
    하나님도 자기로 말미암아
    그에게 영광을 주시리니 곧 주시리라

    요 13:1-5, 14-15, 31-32

과거 제가 목회했던 교회에서 어떤 장로님이 본을 보이겠다고 화장실 청소를 시작하셨습니다. 토요일이면 교회에 나와 변기와 세면대를 광나도록 닦았습니다. 그런데 어느 날 교회 사정을 잘 모르는 초신자가 교회에 들러 화장실을 갔는데 그때 화장실을 청소하는 장로님을 보았습니다. 그는 장로님을 청소부로 착각하고 이렇게 말합니다. "아니, 청소를 이렇게 하면 어떻게 해요? 화장실 바닥에서 냄새가 나잖아요. 걸레를 잘 빨아서 해야 냄새가 안 나는 겁니다."

순간 장로님의 얼굴이 벌겋게 달아올랐습니다. 그리고 초신자를 향해 언성을 높여 쏟아 부었습니다. "당신은 대체 누굽니까? 내가 비록 교회 장로지만, 본이 좀 되려고 이렇게 화장실 바닥을 닦는 겁니다. 나를 정말 청소부로 생각했다면 불쾌하기 짝이 없군요." 그제야 초신자는 장로임을 알아보고 머리 숙여 사과했습니다.

무엇이 문제였습니까? 장로님은 자신이 장로이긴 하지만, 그럼에도 장로답지 않게 교회의 허드렛일을 한다고 생각한 것입니다. 하지만 그렇게 생각하면 안 됩니다. 이 장로님은 '장로였기 때문에' 마땅히 감당해야 할 섬김의 직분을 감당한다고 여겨야 했습니다. 교회의 화장실 바닥을 닦고 있던 그분의 모습이야말로 참으로 장로다운 모습이었습니다.

> 유월절 전에 예수께서 자기가 세상을 떠나 아버지께로 돌아가실 때가 이른 줄 아시고 세상에 있는 자기 사람들을 사랑하시되 끝까지 사랑하시니라. 마귀가 벌써 시몬의 아들 가룟 유다의 마음에 예수를 팔려는 생각을 넣었더라. 저녁 먹는 중 예수는 아버지께서 모든 것을 자기 손에 맡기신 것과 또 자기가 하나님께로부터 오셨다가 하나님께로 돌아가실 것을 아시고(13:1~3).

때는 유월절 전날 밤이었습니다. 어린양으로 십자가를 향해 걸어가는 예수님의 마음에는 큰 고민이 있었습니다. 자신이 세상을 떠나면 이 땅에는 제자 공동체만 남을 것입니다. 그렇다면 가르침의 중심에 담긴 십자가 사랑을 제자들을 통해 전파해야 하는데 이 십자가를 설명할 길이 없었던 것입니다.

당연히 큰 고민이었습니다. 어떻게 십자가를 말로 설명합니까? 십자가는 말로 설명되는 일이 아닙니다. 그때 예수님의 마음에 떠올랐던 한 사건이 있었습니다. 며칠 전 베다니의 한 연회장에 마리아가 나타나 값비싼 향유를 예수님의 발에 붓고 자신의 머리카락으로 예수님의 발을 씻겼던 사건이었습니다. 그때 마리아는 예수님의 임종이 가까이 왔다는 사실을 알고, 예수님께 자신의 헌신을 온몸으로 표현했던 것입니다.

예수님은 자신이 십자가에 죽으실 것을 아시고 다시 한번 제자들에게 사랑을 약속하십니다. 십자가의 제물로 드려질 것을 분명히 아셨으면서도 "자기 사람들"을 사랑하시되 끝까지 사랑하시겠다고 강조합니다. 모든 것이 혼돈으로 치닫고 있는 상황에서도 예수님은 자신이 섬겨야 할 대상이 누구인지 잊지 않으셨던 것입니다.

또한 예수님은 십자가의 사랑을 선포했을 때 미움의 세력도 고개를 들기 시작했음을 감지하셨습니다. 3년의 공생애 기간 동안 사탄의 역사는 하나님 사랑이 극치에 달했을 때 가장 강하게 역사한다는 사실을 경험적으로 아셨습니다. 예수님은 유다의 속마음을 꿰뚫어보셨습니다. 유다의 마음에 미움을 불러일으키는 악의 세력을 보신 것입니다. 그 세력이 유다의 마음속에 침투하여 자신을 팔려는 생각을 집어넣었음을 아셨습니다.

예수님은 사탄의 존재를 다스리기 위해 자리에서 일어나 겉옷을 벗고 수건을 두르신 후 제자들의 발을 씻기기 시작했습니다. 악의 존재를 다스리되 세족식으로 다스리셨습니다. 악의 세력을 다스리되 사랑으로 다스렸던 것입니다. 미움으로 세상을 장악하려는 사탄의 세력을 사랑으로 내어쫓으셨습니다.

이 섬김과 다스림의 사역을 하면서도 예수님의 시선은 늘 위를 향했습니다. 섬김의 대상을 섬기면서 또 다스림의 대상을 다스리면서 예수님은 자신이 어디서 왔는지 그리고 무엇을 위해 왔는지를 분명히 알고 계셨습니다. 그래서 지난 3년 동안 하나님을 보여주셨듯 이 땅의 마지막이 다가오고 있는 시간에도 예수님은 여전히 하나님을 드러내셨습니다. 어쩌면 제자들에게 자신을 보내신 하나님 아버지를 보여줄 마지막 기회라는 생각을 하셨기에 예수님은 제자들의 발을 씻기면서 사랑의 하나님을 계시하신 것입니다. 주님은 이 세족식이라는 예전으로 가장 완전한 섬김과 다스림의 사역은 물론 하나님 아버지를 친히 보여주신 계시의 사역까지 감당하십니다.

이 세족식에서 예수님이 감당하셨던 세 가지 사역을 구체적으로 살펴보겠습니다.

계시의 사역: 하나님을 드러내는 사역

> 저녁 잡수시던 자리에서 일어나 겉옷을 벗고 수건을 가져다가
> 허리에 두르시고 이에 대야에 물을 떠서 제자들의 발을 씻으시
> 고 그 두르신 수건으로 닦기를 시작하여(13:4~5).

당시에 발을 씻기는 행위는 웬만큼 사는 집에서는 일상적으로 행하던 의식입니다. 이스라엘에서는 샌들을 신고 다녔으므로 길을 걷고 나면 발이 더러워지기 일쑤였습니다. 그래서 더러워진 발을 씻어주어야 했고 이 일은 종들의 몫이었습니다. 종들 중에도 가장 계급이 낮은 이방인 종이나 여자 종이 맡았습니다. 유대인 남자 종들은 세족을 서절해도 될 정도로 천한 일이었습니다.

그런데 바로 그 일을 하시려고 예수님은 자리에서 일어나십니다. 그리고 먼저 자신의 겉옷을 벗습니다. 겉옷은 권위의 상징입니

다. 제사장의 겉옷은 제사장의 권위를 상징하며, 왕의 겉옷은 왕의 권위를 상징합니다. 예수님이 자신의 겉옷을 벗으셨다는 것은 하나님의 권리를 내려놓았다는 뜻입니다. 그리고 수건을 허리에 두르십니다. 이는 예수님 스스로 노예의 모습을 띠었다는 것입니다. 자신을 노예의 신분으로 격하시킨 것입니다. 그런 후 제자들의 발을 씻기기 시작했습니다.

13년 전, 제가 담임목사로 섬겼던 교회에서 첫 번째 선교사로 파송을 받아 선교지로 떠날 때에 지인들은 저를 만나면 주로 이런 이야기를 했습니다. "당신은 이민교회에서도 꽤 잘나가는 1.5세 목사인데, 좋은 자리 다 내려놓고 선교지로 떠나는 모습이 참 보기 좋습니다." 김경환 목사는 잘나가는 이민교회를 담임하고 있었지만, 모든 것을 내려놓고 선교지로 떠난다는 것이었습니다.

그때 저는 예수님의 섬김을 떠올리며 이런 질문을 던져 보았습니다. "예수님은 하나님이셨음에도 불구하고 제자들의 발을 씻긴 것인가, 아니면 하나님이셨기 때문에 제자들의 발을 씻긴 것인가?" 두 질문 사이에는 큰 차이가 있습니다. 하나님이셨기 때문에 발을 씻겼다는 표현은 섬김은 하나님 안에 내재된 성품인데 제자들의 발을 씻길 때 그 하나님의 성품이 예수님의 사역에 드러났다는 의미를 담고 있습니다. 그러나 '하나님이셨음에도 불구하고'라는 말은 본래 하나님은 그렇게 하지 않으셔야 했는데 하나님답지 않게 예수님이 그 일을 감당하심으로 제자들에게 모범을 가르쳐주셨다는 의미를 내포합니다.

저는 예수님께서 "하나님이셨기 때문에" 제자들의 발을 씻겼다고 생각합니다. 하나님이셨음에도 불구하고 제자들의 발을 씻겼다고 생각하지 않습니다. 예수님은 하나님이셨기에 정말 하나님답게 자기를 비우고 낮아져서 종이 되셨습니다. 하나님이셨음에도 불구하고 하나님답지 않게 자신을 비우고, 종이 되고 십자가 지신 것이 아니었습니다.

저 역시 목사였음에도 불구하고 선교지로 나간 것이 아닙니다. 목사였기 때문에 마땅히 제가 있어야 할 자리를 선택했을 뿐이고 목사로서 감당해야 할 섬김의 사역이 있어서 선교지로 떠났다고 생각합니다. 하나님께 직분을 받은 사람이라면 이 질문 앞에 자신의 대답을 각자 갖고 있어야 합니다. "나는 목사, 장로, 권사이기 때문에 교회를 섬기는 것인가, 아니면 목사, 장로, 권사임에도 불구하고 교회를 섬기는 것인가?" 만일 자신이 목사요 장로요 권사임에도 '불구하고' 교회를 섬기는 것이라고 생각하면 언젠가 우리는 자신이 행할 섬김 속에서 심각한 갈등을 겪을 것입니다.

중국에 가면 뉴스를 통해 자주 목도하는 익숙한 장면이 있습니다. 농번기가 되면 공산당 지도자들이 손발을 걷어붙이고 농부들과 함께 농사를 짓는 모습입니다. 중국 사정을 잘 모를 때에는 그들이 전부 농부들이라고 생각했습니다. 그러나 중국을 배워가면서 그들은 중국의 성 하나를 좌지우지하는 지도자들인데 농민의 환심을 사기 위해 잠시 농부 노릇을 하는 것이라는 사실을 알게 되었습니다.

그러나 예수님의 섬김은 그런 것이 아니었습니다. 예수님은 정말 종이 되셨고 또한 종으로 제자들을 섬기셨습니다. 하나님의 자리에 선 채 종의 일을 하지 않으셨습니다. 예수님은 하나님의 자리를 내려놓고 정말 종이 되셨습니다. 섬김의 일을 하기 전에 먼저 섬기는 종의 신분으로 자신을 낮추고, 그 종의 자리에서 섬김의 일을 하셨습니다. 단지 선생님이 본을 보이기 위해 잠깐 섬김을 실천한 것이 아니라 먼저 종의 자리로 내려간 후 종으로서 마땅히 해야 할 섬김의 일을 한 것입니다. 섬김의 행위를 보여 주기 전에 섬김의 신분을 스스로 취한 것입니다. 예수님의 섬김은 종이 되신 다음의 사역이었기에 예수님 내면의 성품이 손과 발을 통해 자연스럽게 드러난 계시의 사건이었습니다.

섬김의 사역: 진정한 하늘의 언어

오늘 읽는 요한복음 본문에는 이상한 부분이 있습니다. 사도 요한이 성만찬 사건을 기록하지 않았다는 점입니다. 요한은 예수님의 품에 안겨본 경험을 누린 주님의 사랑받는 제자였습니다. 주님과 늘 가까이 있으면서 그분의 친밀함을 누려보았던 제자였습니다. 그랬던 요한이 이렇게 중요한 성만찬을 그의 복음서에 기록해놓지 않았다는 사실이 도무지 이해되지 않았습니다.

그 이유를 알고 싶어 요한복음을 여러 번 반복해서 읽었습니다. 그러다 놀라운 사실을 하나 발견했습니다. 요한복음 안에 성만찬 사건은 없지만, 성만찬에 관한 흔적은 다른 어떤 복음서보다 많다는 사실이었습니다.

1장 14절에서 요한은 예수님의 성육화 사건을 "말씀이 육신이 되어 우리 가운데 거하시매…"라고 기록했습니다. 이 말씀에서 '육신'이라는 단어에 헬라어 '삵스'(sarx)를 사용했습니다. 이는 피와 살로 이루어진 '고깃덩어리'를 의미하는 단어입니다. 그러니까 직역하면 말씀이신 하나님이 우리에게 오실 때 "고깃덩어리를 입고 오셨다" 혹은 "피와 살로 오셨다"는 뜻입니다. 성만찬은 없는데 성만찬 메시지가 요한복음 첫 장부터 등장합니다.

6장을 보면 예수님의 성만찬 메시지가 눈에 띄게 드러납니다. "예수께서 이르시되 내가 진실로 진실로 너희에게 이르노니 인자의 살을 먹지 아니하고 인자의 피를 마시지 아니하면 너희 속에 생명이 없느니라. 내 살을 먹고 내 피를 마시는 자는 영생을 가졌고 마지막 날에 내가 그를 다시 살리리니 내 살은 참된 양식이요 내 피는 참된 음료로다"(6:53~55).

예수님은 인간이 어떻게 타락하게 되었는지 잘 아셨습니다. 인간은 하나님이 먹으라는 음식을 먹지 않고 사탄이 주는 음식을 먹음으로써 타락했습니다. 그래서 오병이어 사건에 관한 설교를 통해 예수님은 인간이 다시 먹어야 할 음식이 무엇인지를 가르치십니다. 사람은 예수님께서 베푸시는 음식을 다시 먹어야 하며, 그 음식은 곧 성만찬을 통해 우리에게 주신 자신의 살과 피였던 것입니다. 이 성만찬의 의미를 담아 예수님은 "나는 생명의 떡이니 … 사람이 이 떡을 먹으면 영생하리라"(6:35, 51) 하고 말씀합니다.

예수님은 오병이어를 상기시키시며 "너희가 이 부서진 빵을 입에 넣고 씹으니 소화되어 너희의 피와 살이 되지 않았느냐? 이제는 내 살과 피를 먹고 마시면 너희가 반드시 살게 되리라"고 하시는 것입니다.

그렇다면 예수님의 살과 피에 담긴 하나님의 사랑은 우리가 먹고 마셔야 하는 생명의 본질인 셈입니다. 생명이 담긴 하나님의 사랑은 우리가 알고 깨닫고 느끼는 수준을 넘어 성만찬에 참여하듯 정말 우리가 먹고 마셔야 한다는 것입니다.

성만찬 사건 대신 세족식이 기록된 이유

제자들은 배고픈 사회 속에서 빵이 주는 의미가 무엇인지 잘 알았습니다. 그들에게 빵은 생명이었습니다. 많은 말로 설명하지 않아도 빵이 곧 생명임을 충분히 경험한 그들입니다. 그래서 그들은 모두 예수님께서 말씀하신 성만찬의 의미를 깊이 인식하고 성만찬 사건을 복음서에서 아주 자세하게 다루었던 것입니다.

반면 요한은 성만찬 사건을 기록하지 않았습니다. 그러나 13장의 앞부분과 뒷부분에서 요한은 성만찬의 힌트를 보여줍니다.

저녁 잡수시던 자리에서 일어나...(13:4).

예수께서 … 떡 한 조각을 … 적셔서 가룟 시몬의 아들 유다에게 주시니(13:26).

겉으로 드러나는 성만찬은 없습니다. 그러나 이 성만찬의 흔적을 담은 두 구절 사이에 성만찬 대신 세족식을 담아 기록합니다. 마치 성만찬이 세족식을 보듬고 있는 듯이 기록합니다. 요한은 성만찬의 진정한 의미가 세족식에 스며들어 있음을 암시하는 듯합니다. 이런 의미에서 요한은 성만찬을 제외한 것이 아닙니다. 오히려 성만찬의 진정한 의미를 우리의 일상에 담아 설명한 것입니다.

예수님은 잡히시던 날 제자들과 떡과 잔을 나누셨습니다. 십자가 사랑을 빵 속에, 잔 속에 담으시며 자신의 살과 피를 먹고 마시라 하셨습니다. 십자가의 사랑은 깨닫고 알고 느끼는 수준이 아닌 제자들이 먹고 소화해야 할 삶의 본질임을 말씀해주신 것입니다.

하지만 여기에 우리의 한계가 있습니다. 일상 속에서는 성만찬 메시지가 잘 와닿지 않습니다. 우리에게는 빵이 주는 의미가 그렇게 절실하지 않습니다. 냉장고를 열면 먹을 게 있고 또 며칠 먹을 것까지 저장하면서 삽니다. 그런 우리에게 먹는 문제는 선택의 문제이지 생존의 문제는 아닙니다. 현대를 사는 우리는 예수님이 빵 문제를 생사 문제와 결부하시는 게 잘 이해되지 않습니다. 예수님께서 자신을 "생명의 떡"이라고 하신 의미는 더더욱 공감이 안 됩니다.

저 역시 13년 전 티베트 사역을 하기 전까지는 성만찬의 문제를 그렇게 중요하게 생각하지 못했습니다. 티베트 선교를 하면서 이 문제를 좀 더 깊이 들여다보게 되었습니다.

티베트 선교사들을 섬기면서 알게 된 한 티베트 청년이 있습니다. 그는 인도에서 어린 시절을 보내고 티베트로 돌아와 살고 있는 독실한 라마 불교도입니다. 지난 수년 동안 이 청년과 교제를 나누면서 가까운 사이가 되었습니다. 그 청년도 제가 그리스도인인 것을 알고 저 역시 그 청년이 독실한 라마 불교도인 것을 압니다. 어느 날 청년은 기독교에 대해 알고 싶은 것이 있다며 저에게 질문을 던졌습니다. 그것은 "당신이 믿는 기독교에서는 무엇을 먹을 수 있고 무엇을 먹을 수 없습니까?"였습니다. 저는 청년의 엉뚱한 질문에 말문이 막히고 말았습니다. 그러나 지금 돌이켜 생각해보면 땅이 척박하여 먹을 것이 부족한 티베트 땅에서 자라난 청년에게 이것은 아주 당연한 질문이었습니다.

그리고 성경을 보니 하나님은 애초부터 인간에게 먹을 수 있는 음식과 먹을 수 없는 음식을 구별해놓으셨음을 새삼 깨닫게 되었습니다. 창세기 3장에서 하나님은 동산 중앙의 생명나무 실과는 먹어도 되지만 선악을 알게 하는 나무의 실과는 먹어선 안 된다고 하셨고, 그 말씀의 경계 안에서 인간과 관계를 시작하셨습니다.

40년간의 광야생활에서 하나님은 일상을 통해 당신이 이스라엘의 하나님이심을 가르쳐주셨는데, 이 과정에서도 만나라는 음식을 사용하셨습니다. 이스라엘 백성이 바벨론 포로생활을 하는 동안 이방 땅에서 하나님의 언약적 백성이라는 정체성을 지켜나가는 방법 또한 음식법 준수였습니다.

유대인의 식탁은 그들이 음식처럼 먹고 마셨던 하나님과의 언약 이야기가 고스란히 배어 있는 단상과도 같습니다. 유대인으로 태어나 유대에서 자라신 예수님은 유대인에게 음식이란 어떤 의미인지 잘 아셨습니다. 특히 예수님이 "내 살을 먹어라", "내 피를 마시라"고 하실 때는 유월절 식탁의 의미를 상기시켜주셨던 것입니다.

유월절의 기적 뒤엔 코이노니아가 있다

예수께서 유월절 맥락에서 세족식을 행하셨음을 요한이 강조한 이유는 세족식을 통한 섬김이 생명과 직결되는 중요한 문제였기 때문입니다. 유월절은 이스라엘 백성에게 우리의 광복절 같은 날입니다. 그들이 400년이나 애굽에서 종노릇할 때 하나님은 이스라엘을 해방하기로 결정하시고 모세를 바로에게 보내십니다. 그때 하나님은 모세를 통해 열 가지 재앙을 내리셨습니다. 애굽 전체를 뒤집어엎을 만한 강력한 재앙이었습니다. 그러나 바로는 하나님의 열 번째 재앙이 임하기 전에는 이스라엘을 풀어주지 않았습니다. 마지막 재앙이 임하고서야 바로는 비로소 이스라엘을 풀어줍니다.

아홉 번까지의 재앙과 마지막 재앙의 차이가 무엇입니까? 장자의 죽음이었습니다. 아홉 번까지 하나님은 사람의 생명에는 손을 대지 않으셨습니다. 그러나 열 번째 재앙에서 어린양의 피가 문설주와 인방에 뿌려지지 않은 집은 장자의 생명을 거두어가셨습니다.

죄의 권세가 붙들고 있는 최후의 보루는 죽음입니다. 최후의 보루인 죽음의 권세가 무너지지 않는 한 죄는 자기 나라가 영원하다고 믿습니다. 그런데 열 번째 재앙이 임하자 최후 보루인 죽음의 권세조차도 무너졌던 것입니다. 그 죽음의 권세는 도대체 어떻게 무너진 것입니까? 애굽의 장자들과 함께 흠 없고 점 없는 유월절 어린양이 죽임을 당했기 때문입니다. 유월절 어린양은 십자가에 못 박혀 돌아가실 하나님의 어린양 예수의 예표입니다. 그분이 우리 죄는 물론 모든 인류의 죄를 담당하고 십자가에서 제물로 죽임당하실 것입니다.

하지만 여기에는 심각한 문제가 있었습니다. 유월절에 이스라엘 백성이 어린양의 피로 구원받은 것은 분명합니다. 문제는 애굽 땅에서 노예 신분으로 살았던 이스라엘 백성 가운데 양을 소유한 사람이 거의 없었다는 사실이었습니다. 양이 있어야 잡아서 피를 낼 것 아닙니까? 양이 없는데 어떻게 양의 피를 문설주와 인방에 바른다는 말입니까? 노예로 사는 것도 억울한데 가난하다는 이유로 구원의 반열에서 제외되어야 한다면 이 얼마나 불공평한 일이겠습니까?

그렇다면 하나님은 이 문제를 어떻게 해결하셨을까요? 출애굽기 12장 4절에 답이 있습니다. "그 어린양에 대하여 식구가 너무 적으면 그 집의 이웃과 함께 사람 수를 따라서 하나를 취하며 각 사람이 먹을 수 있는 분량에 따라서 너희 어린양을 계산할 것이며." 식구 수가 적은 가정은 반드시 이웃을 초청해서 이웃과 더불어 고기를 나누어 먹으라는 것입니다. 그 이웃은 누구였을까요? 아마도 양을 소유하지 못한 가난한 이웃이었을 것입니다. 양이 없어 그 피를 문설주와 인방에 바를 수 없는 자들이었습니다. 하나님은 그들을 구원하시기 위해 양을 소유한 이들에게 자기 양을 나눌 것을 명령하셨고 그들은 하나님의 이러한 명령에 순종함으로 가난한 이웃을 구원의 반열에 동참시킨 것입니다.

이렇게 보면 양이 없는 가난한 자들은 무엇으로 구원받은 것입니까? 물론 양의 피로 구원받은 것은 맞습니다. 그런데 그렇게 구원

받으려면 그들에게 양을 나눌 사람이 있어야 했습니다. 즉, 자기 양을 함께 나누고자 했던 코이노니아가 있었던 것입니다. 양의 피로만 구원받은 것이 아닙니다. 양의 피와 함께 양고기를 함께 나누는 코이노니아로 구원받은 것입니다. 세족식의 언어를 빌자면 양을 지닌 자들이 양이 없는 가난한 자들의 발을 씻겨준 것입니다. 자신의 것을 나눈 것이고 가지지 못한 자들에게 베풀어준 것이며, 결국은 사랑을 실천한 것입니다.

그날 밤 이스라엘 백성은 이웃과 더불어 양의 피를 낸 후 그 "머리, 내장, 다리"를 불에 구워 함께 먹으며 밤새 코이노니아를 나누었습니다. 그들이 코이노니아를 갖는 동안 밖에서는 그야말로 '킬링 필드'가 펼쳐지고 있었습니다. 장자가 죽어나갔습니다. 죽음의 비명소리와 통곡소리가 울려 퍼졌습니다. 애굽 땅 전체에 피비린내가 코를 찔렀습니다. 그러나 어린양의 피가 발라진 이스라엘 백성은 집 안에서 구원 잔치인 코이노니아를 만끽하고 있었습니다. 그동안 제대로 먹어보지 못했던 양고기 바비큐를 배불리 먹었으며 밤이 맞도록 구원의 감격을 송축했습니다.

내일이 오면 멀고 먼 광야 길을 떠나야 합니다. 400년 동안 노예로 살아왔던 이스라엘 백성이 무슨 힘으로 광야 길을 통과할 수 있겠습니까? 이날 밤 코이노니아를 나누며 밤새 먹은 양고기의 힘으로 험한 애굽 광야에 들어설 수 있었습니다.

예수님의 살을 함께 나누는 코이노니아가 세상을 이기는 능력입니다. 예수의 피를 의지하여 구원받은 공동체는 이제 예수님의 살을 함께 나누는 진정한 코이노니아를 경험해야 합니다. 바로 고기를 함께 나누는 사랑의 능력으로 세상에 나갈 때 세상은 비로소 우리 앞에 굴복합니다.

　오병이어 사건에서 보았듯이 하나님 사랑은 우리가 먹어야 할 삶의 본질이라고 강조했는데 서로의 발을 씻기는 섬김 역시 먹어야 할 삶의 본질이라는 것입니다. 즉, 하나님의 사랑을 먹느냐 안 먹느냐가 사느냐 죽느냐를 결정짓는 중대한 문제이듯, 공동체의 섬김 역시 공동체가 사느냐 죽느냐를 가르는 중요한 사안이라는 것입니다.

코이노니아로 구원받다

제가 미주에서 목회할 때였습니다. 개척한 지 1년 만에 아내가 쓰러져 병원에 입원했습니다. 마침 그때가 12월 31일이어서 송구영신 예배를 준비하느라 한창 바쁠 때였습니다. 급하게 아내를 병원에 입원시키고 옷도 갈아입지 못한 채 송구영신 예배를 드리러 간 적이 있습니다. 개척한 지 1년이 지나고 2년째를 맞이하면서 온 성도는 기대감에 부풀어 예배에 참석했습니다. 나는 담임목사로서 송구영신 예배를 통해 성도들에게 다가올 새해의 비전과 목표를 제시하기로 되어 있었습니다.

　하지만 정작 저는 그날에 어떤 비전도, 목표도 내놓을 수 없었습니다. 아내를 입원 수속하면서 의사 이야기를 들어보니 앞으로 수개월은 아내를 집중적으로 간호해야만 하는 상황이었습니다. 당분간은 목회를 소홀히 할 수밖에 없는데 어떻게 해야 할지 걱정이 앞섰습니다. 그래서 송구영신 예배를 끝내고 성도들을 다 돌려보낸 후 홀로 교회에 남아 밤새 저의 거취 문제를 놓고 기도했습니다.

아침까지 기도했으나, 응답이 없었습니다. 결정을 내려야 하는데 하나님이 침묵하시니 상식적인 수준에서 결정하면 되는가 혼자 생각했습니다. 저는 가정을 위해 교회에 사표를 내기로 결정하고 장로님들을 만났습니다.

제가 사표를 내니 장로님들은 화를 내시며 이야기했습니다. "함께 가기로 해놓고 목사님이 혼자 빠지면 우리는 뭐가 됩니까?" "왜 그렇게 무책임합니까?" 등등 여러 말씀을 하셨습니다. 그러나 제가 아내의 상태를 이야기했을 때 어떤 장로님도 저를 붙들 수 없었습니다. 그때 한 장로님이 자신들만 따로 이 문제를 상의한 후 다시 오겠다고 제안합니다.

그다음 날 한 장로님이 저를 찾아와 사표를 반려하면서 깜짝 놀랄 제안을 하셨습니다. 개척한 지 1년밖에 안 된 교회지만 저에게 1년의 안식년을 주겠다는 것입니다. 제가 없는 동안 자신들이 교회를 지키겠다고 했습니다. 그렇지만 저는 그 제안을 받을 수 없었습니다. 고생하는 성도에게 미안한 목사로 남고 싶지 않았습니다.

그러자 한 장로님이 어느 날 교회에 온 성도를 부르고 저를 초청했습니다. 가보니 저를 앉혀놓고 한 성도 한 성도가 나와 제가 왜 안식년을 가져야 하는지 설명하는 자리였습니다. 여러 성도의 이야기를 듣다 보니 제 눈에서는 주체할 수 없는 눈물이 흐르기 시작했습니다.

'도대체 내가 뭐라고, 성도들에게 이런 과분한 사랑을 받는 것인가? 거부할 수 없는 하나님의 은혜가 이런 것인가'라는 생각들이 머리를 스쳐 지나갔습니다. 성도들의 이야기가 다 끝난 후 나는 강대상에 올라갔습니다. 많은 이야기로 감사를 표현하고 싶었지만, 한마디도 할 수 없었습니다. 주체할 수 없을 정도로 뜨거운 눈물이 계속 흐르고 있었기 때문이었습니다. 제가 아무 말 못하고 흐느껴 울기만 하자 대상 밑에 앉아 있던 성도들이 함께 노래하기 시작했습니다.

"하나님께서는 우리의 만남을 계획해 놓으셨네…."

이 노래를 얼마나 오랫동안 불렀는지 모를 정도입니다. 끝없이 부르고 또 불렀던 것 같습니다. 그야말로 은혜와 감동의 도가니였습니다. 그때 제 마음에 강하게 와서 닿았던 말씀이 있었습니다. 우리가 손에 손을 맞잡고 함께 노래를 부를 때 거기에 삼위 하나님은 집을 짓고 계셨습니다. 개척한 지 1년밖에 안 된 교회에서 부족한 목사에게 아픈 사모를 돌보라고 안식년을 주었던 성도들의 그 사랑 속에 하나님이 내려오셔서 집을 지으신 것입니다. 보따리 풀고 그곳에 거주하시면서 자신의 사랑을 표현해주셨던 것입니다.

그때 저는 그렇게 보고 싶어했던 삼위일체 하나님은 사랑의 하나님인 것을 알았으며 그 하나님은 우리의 연구나 탐구로 깨달아지는 것이 아니라 사랑하는 자들의 관계 속에서 자신을 나타내 보여주실 뿐임을 알았습니다.

그렇게 안식년은 시작되었고, 아내는 수개월 치료를 받는 동안 밥 한 톨도 입에 넣을 수 없는 기나긴 시간을 지나야 했습니다. 몇 개월 후 조금 회복이 되었을 때 아내는 이렇게 고백했습니다.

"성도들의 사랑이 죽을 내 목숨 살렸네…."
아내는 아직도 이 사랑의 원리를 굳게 믿고 있습니다.

❧

다스림의 사역: 세족식에 나타난 주님의 다스림

예수님은 세족식을 통해 다스림에 대한 본질과 방식을 보여주십니다.

유월절 전에 예수께서 자기가 세상을 떠나 아버지께로 돌아가실 때가 이른 줄 아시고 세상에 있는 자기 사람들을 사랑하시되 끝까지 사랑하시니라. 마귀가 벌써 시몬의 아들 가룟 유다의 마음에 예수를 팔려는 생각을 넣었더라. 저녁 먹는 중 예수는 아버지께서 모든 것을 자기 손에 맡기신 것과 또 자기가 하나님께로부터 오셨다가 하나님께로 돌아가실 것을 아시고(13:1~3).

그가 나간 후에 예수께서 이르시되 지금 인자가 영광을 받았고 하나님도 인자로 말미암아 영광을 받으셨도다. 만일 하나님이 그로 말미암아 영광을 받으셨으면 하나님도 자기로 말미암아 그에게 영광을 주시리니 곧 주시리라(13:31~32).

본문에는 때를 알리는 중요한 단어가 둘 있습니다. 하나는 "유월절"이고 다른 하나는 "그가 나간 후에"입니다. 유월절은 이스라엘 백성이 하나님의 능력으로 출애굽을 경험했을 때를 기념하는 절기입니다. 다른 하나는 인자가 영광을 받게 될 때로서 "그가 나간 후"라고 표현됩니다. 여기서 '그'는 유다를 가리킵니다. 유다가 예수님께서 주시는 떡을 거부하고 예수님을 십자가에 넘겨주기 위한 계획을 실행에 옮길 때입니다. 하지만 그때는 십자가를 통해 인간을 죄의 권세로부터 해방할 제2의 출애굽이 시작되는 때이기도 했습니다.

이때 사탄도 자기 존재감을 드러내기 시작합니다. 유다의 마음속에 침투하여 그의 마음을 사로잡아 예수님을 팔려는 생각을 집어넣습니다. 하나님의 가장 강력한 무기는 십자가 사랑인 것을 알기에 사탄은 최후 발악을 하기 시작합니다.

여러 화가들이 그린 마지막 만찬 장면을 보면 그 분위기가 대부분 낭만적입니다. 하지만 이 시간은 예수님의 사랑이 완벽하게 드러나면서도 또한 그 완벽한 사랑이 철저히 배반당하는 순간이기도 합니다. 아들을 십자가로 몰아가는 하나님 아버지의 모진 사랑과 그 사랑을 저지하려는 사탄의 음모가 충돌하기 때문입니다. 이 다락방에는 극도의 긴장감이 맴돌고 있었을 것입니다. 그 분위기가 결단코 낭만적이지 않음을 짐작할 수 있습니다.

그런데 놀라운 사실이 있습니다. 이때 예수님은 사탄을 꾸짖지 않으셨다는 것입니다. 심지어 사탄을 내어쫓지도 않으셨습니다. 그 자리에서 일어나 겉옷을 벗고 수건을 두르신 후 제자들의 발을 씻기기 시작하십니다. 악의 세력을 다스리되 사랑으로 다스렸다는 것입니다. 미움으로 세상을 장악하려고 하는 사탄을 향해 사랑으로 미움을 내어쫓으셨다는 것입니다.

실패의 자리에서 영광을 선포하시다

유다는 스승 예수님을 십자가에 넘겨주기로 결정하고 예수님이 준 용서의 떡도 거부했습니다. 그런데 이 일이 있자마자 예수님은 이상한 말씀을 하십니다. 전에도 없었고 후에도 없는, 하나님의 영광과 인자의 영광을 선포합니다. 12장까지 예수님은 하나님 아버지의 영광만 선포했지만 이제는 자신의 영광도 아버지의 영광에 포함하십니다. 사실, 생각해보면 지금처럼 처절한 실패의 자리가 또 없습니다. 제자 중 한 명이 스승을 배반하고 십자가에 넘겨주는 장면입니다. 그런 실패의 자리에서 예수님은 어떻게 영광을 선포하실 수 있었을까요?

우리는 영광이라는 단어를 자녀가 좋은 대학에 들어갔거나 남편이 사업에 성공했거나 교회가 크게 부흥했을 때 사용해왔습니다. 대부분은 성공의 자리, 높은 자리, 힘을 행사하는 자리에 오른 것을 말했습니다. 영광이라는 단어를 이런 곳에 사용했기에 본문에서 말씀하는 개념이 잘 들어오지 않습니다.

그러나 예수님이 말씀하는 영광의 의미는 이런 영광과는 다릅니다. 예수님의 영광은 십자가의 영광입니다. 십자가를 '통한' 영광이 아닙니다. 십자가의 영광, 즉 십자가 자체가 영광이었다는 것입니다. 말씀이 육신이 된 것이 영광이었습니다. 모세가 광야에서 뱀을 든 것처럼 인자도 나무에 매달려 죽는 것이 영광이었습니다. 한 알의 밀알이 땅에 떨어져 썩어지는 그런 영광이었습니다. 요한복음에서 사용된 모든 영광은 곧 십자가의 영광이었습니다.

우리 장인어른은 자수성가하신 분입니다. 기독교 집안의 장남이셨는데도 은퇴하실 때까지 교회를 나가지 않았습니다. 그러다 보니 다섯 명의 자녀를 두었으면서도 그들이 대학교를 졸업할 때까지 교회에 보낼 생각을 하지 못했습니다. 그런데 제 아내가 대학교를 졸업하고 가장 먼저 예수를 믿었을 뿐만 아니라 나중에는 신학교까지 가서 전도사가 되었습니다. 애지중지 키운 딸이 전도사가 된 것도 못마땅하셨을 텐데 어느 날 그 딸이 선교사 지망생이었던 저를 결혼 상대자로 생각하고 있었으니 마음이 무척 불편하셨을 것입니다.

데이트를 시작한 지 1년이 채 안 되어 결혼식을 올렸습니다. 워낙 점잖은 분이셨기에 겉으로 내색은 하지 않으셨지만 장인께서 흔쾌히 승낙하신 결혼은 아니었습니다. 그런 상황에서 결혼식을 올렸으니 결혼생활이 잘 풀리고 하는 일도 잘되면 마음이 좀 놓이셨을 텐데 상황이 그렇지 못했습니다. 아내는 결혼한 지 7년 만에 병상에 눕게 되었습니다. 하던 사역도 다 내려놓을 수밖에 없었습니다. 기본적인 집안 살림조차 감당할 수 없을 정도로 병약해졌습니다. 그때 제 마음에 가장 부담이 되었던 분들이 장인과 장모였습니다. 예수를 믿지 않는 저분들이 이 상황을 보면서 무슨 생각을 하실까? 혹시 우리 가정의 어려운 상황으로 하나님의 영광이 가리워지는 것은 아닐까 하는 질문이 끊임없이 제 안에 일어났습니다.

그러던 어느 날, 아내가 병상에서 감사의 기도문을 적었는데 그 기도문이 복음방송을 통해 나간 적이 있었습니다.

"하나님, 제 몸에 아픈 부분보다 아직 성한 부분이 더 많아서 감사합니다."

그때 우리 장인께서는 그 기도문을 들으시고 이렇게 말씀하셨습니다.

"야, 너희들 대단하다."

그리고 몇 달이 지났을 때 장인의 고백이 변했습니다.

"아니, 너희가 믿는 하나님이 대단한 것 같다."

그리고 몇 년이 지나서 장인의 답변이 바뀝니다.

"그 하나님, 나도 믿자."

그때까지 저는 십자가가 부활의 영광으로 가는 과정이라고만 생각했습니다. 십자가 자체가 영광이라고 생각하지는 못했습니다. 그런데 그때 저는 십자가가 영광인 것을 깨달아 알게 되었습니다.

마찬가지로 그때까지는 아내가 병상에서 일어나 회복이 되면 영광이지 아내의 병상 자체가 영광이라고 생각하지는 못했습니다. 그러나 그날 저는 아내의 병상 자체가 영광인 것을 알게 되었습니다. 즉, 아내가 질병으로 고통당하는 그 십자가의 자리가 영광의 자리였음을 알게 된 것입니다.

평생 자신만을 믿고 사셨던 저희 장인어른은 그 과정에서 대단하신 하나님을 보게 되었고 결국은 하나님을 믿기 시작했습니다. 장인어른이 평생 내면에 차곡차곡 쌓아온 자아라는 견고한 진은 결국 십자가의 영광으로 무너지게 되었습니다.

발에 하는 안수식

십자가의 영광으로 세상 권세를 다스리기 원하셨던 예수님은 제자들에게 권위를 부여하는 예식을 행하셨습니다. 바로 안수식이었습니다. 그런데 이 안수식은 성경에 한 번밖에 등장하지 않는 아주 독특한 예식이었습니다.

내가 주와 또는 선생이 되어 너희 발을 씻었으니 너희도 서로 발
을 씻어주는 것이 옳으니라. 내가 너희에게 행한 것같이 너희도
행하게 하려 하여 본을 보였노라(13:14~15).

유월절 식사 자리에 모인 제자들은 예수님이 새로운 왕국을 이루면 그 왕국에서 한 자리를 차지하기 위해 나름대로 계획을 세우고 있었습니다. '예수님 우편에 앉을까? 좌편에 앉을까? 끝자리에 앉게 되면 어떻게 하나?' 서로 서로 눈치를 보고 있었습니다.

그런 상황에서 예수님은 식탁에서 내려와 겉옷을 벗고, 수건을 두르고, 무릎을 꿇고 제자들에게 안수를 시작했습니다. 그 안수는 머리가 아닌 제자들의 발에 한 안수였습니다.

구약의 모든 안수는 머리에 이루어졌습니다. 구약의 율법을 보면 왕, 선지자, 제사장을 세울 때 머리에 기름을 부었습니다. 이것은 지도자에게 하나님의 권위를 부여한다는 일종의 인치심과 같았습니다. 그런데 예수님은 본문에서 새로운 안수식을 보여주십니다. 머

리에 안수하는 것이 아니라 제자들의 발에 안수하여 그들을 사도로 세우십니다.

우리는 사도의 직분을 생각하면서 그들에게 부여된 권위를 먼저 떠올립니다. 그러나 본문은 사도의 권위가 머리에 부여된 것이 아니라 발에 부여되었다는 사실을 밝힙니다. 사도의 권위는 섬김과 사랑에 있습니다. 사랑과 섬김의 권위를 나타내기 위해 예수님은 그들의 발에 안수를 하신 것입니다. 그리고 3일 뒤 부활하신 후에는 그 다스림의 권위를 행하도록 보혜사 성령까지 보냈던 것입니다. 발에 안수를 받은 자들만이 성령의 기름 부으심을 받을 수 있었던 것입니다.

저는 대학교 시절 미주 영락교회에서 신앙생활을 했습니다. 당시 김계용 목사님이 담임이셨습니다. 6·25전쟁으로 사모님과 생이별하신 후 평생을 홀로 사시며 목회를 하셨던 분입니다. 주일에 강대상에 서신 목사님을 뵈면 마치 사도 바울이 다시 태어나 말씀을 전하는 것 같은 느낌을 받곤 했습니다. 영락교회에는 매주 성도들이 몰려들었고 주일예배는 몇 년 되지 않아 1부에서 3부로 늘려야 했습니다. 나중에는 장소가 비좁아져 넓은 장소로 이사해야 할 상황이 되었습니다. 교회 건축위원회가 구성되고 건축 헌금도 거두었습니다. 온 성도가 동참해 이사할 만큼의 재정도 모였습니다.

불과 8명에서 시작한 대학부도 순식간에 100명을 넘어 공간 문제가 심각하던 차였습니다. 청년부도 계속 부흥되어 매주 몰려오는 청년들을 다 수용하지 못했던 터라 교회 이전은 젊은이들에게도 더

할 나위 없이 반가운 소식이었습니다. L. A. 근교의 좋은 동네에 여러 장소가 물망에 오르면서 교우들은 흥분을 감추지 못했습니다.

그런데 김계용 목사님을 비롯한 건축 위원들은 한인 인구도 많고 교육 환경도 좋은 L. A. 근교의 괜찮은 장소들을 마다하고 험하기 그지없는 L. A. 중심가로 이전을 결정했습니다. 그곳은 차이나타운에 가깝고 한인은 거의 없는 곳이었습니다. 또 교통이 아주 혼잡해서 오려면 많은 불편을 감수해야만 했습니다.

교인들의 실망감은 이루 말할 수 없었습니다. 대학 청년 몇 명은 담임 목사를 찾아가 이번의 교회 이전 결정은 젊은이들의 의견이 전혀 반영되지 않은 결정이라고 항의했습니다. 결혼해서 자녀를 낳으면 이 험한 동네에 아이들을 마음껏 뛰놀게 할 수는 없을 거라고 불만을 토로했습니다.

그때 목사님은 흥분한 젊은이들에게 나지막한 목소리로 이렇게 말씀합니다. "저라고 L. A. 근교 좋은 동네에 가고 싶은 마음이 없겠습니까? 그런데 그리로 이전하려고 보니 이미 다른 한인 교회가 많았어요. 가만히 보니 우리가 거기로 이전했다가는 다른 교회 성도들이 우리 교회로 몰려올 것이 뻔하고 그렇게 되면 문 닫는 교회도 생길 텐데, 우리가 이전한답시고 다른 교회를 문 닫게 할 수는 없잖아요? 하나님께서 우리 교회에 이렇게 큰 복을 주셨는데, 복을 받은 교회가 마땅히 해야 할 일이 있다면 더 불편해지는 것이라고 나는 생각합니다."

"우리가 불편해지자"는 말씀에 우리는 할 말을 잃었습니다. 순간 우리의 편의와 안위만 생각하며 교회 이전을 반대했던 모습이

한없이 부끄럽게 느껴졌습니다. 목사님을 만나고 나오는 우리는 참으로 행복했습니다. 그날 우리는 십자가의 영광에 가치를 두고 살아온 한 사람의 모습을 두 눈으로 보았기 때문입니다. 그전까지 우리에게 십자가의 영광이란 단어는 모호하고 막연했습니다. 그러나 그날 목사님의 말씀과 그분의 삶을 통해 십자가의 영광이란 우리가 이웃을 위해 불편해지는 자리를 마다하지 않는 삶임을 배웠습니다. 우리 교회가 불편해짐으로 이웃 교회를 편안하게 해주는 것임을 배웠습니다. 그리스도인이 불편해짐으로 몸담고 사는 세상을 더 편안하게 만들어가는 것임을 배웠습니다.

그렇게 우리에게 십자가의 영광을 몸소 보여주신 목사님은 은퇴하신 후 북한에 두고 온 아내를 만나기 위해 북한을 방문합니다. 50년 만의 재회였습니다. 두고 온 아내를 만나 회한의 정을 나누셨습니다. 아내가 차려주는 밥상을 받았습니다. 못다 한 50년의 이야기를 주고받기도 했습니다. 그리고 목사님은 자신의 고향에서 심장마비로 세상을 뜨십니다.

그분은 세상을 떠나셨지만 삶으로 남겨주신 '십자가의 영광'은 아직도 내 마음속에 각인되어 있습니다. 십자가가 영광이 되는 삶이란 무엇인지 배웠습니다. 그분이 잠시나마 담임목사님이셨다는 사실은 아직도 제 인생의 커다란 행복입니다.

예수님은 당신이 십자가에서 이루실 그 사랑을 말로 설명하지 않으셨습니다. 대신 그 사랑을 온몸으로 보이십니다. 겉옷을 벗으시고 수건을 두르신 후 제자들의 발을 씻기기 시작했습니다. 말로 설명할 수 없는 십자가의 사랑을 세족식을 통해 온몸으로 보여주신 것입니다.

제자들의 발을 씻기면서 예수님은 3년 공생애 사역의 주제였던 세 가지, 즉 계시, 섬김, 다스림을 제자들이 쉽게 알아듣고 오랫동안 기억할 수 있는 그림언어로 전달하십니다. 예수님은 이 세족을 통해 위로는 하나님 아버지를 계시하길 원하셨습니다. 안으로는 자기 사람들을 섬기길 원하셨습니다. 밖으로는 세상을 다스리길 원하셨습니다. 자신이 지고가야 할 십자가가 다가오고 있음을 아셨으면서도 예수님은 자신이 계시해야 할 분이 누구신지, 섬겨야 할 대상이 누구인지, 또 다스려야 할 대상이 어떤 존재인지를 놓치지 않으셨습니다.

3장   두려움의 집에서
      아버지의 집으로

1 너희는 마음에 근심하지 말라 하나님을 믿으니 또 나를 믿으라

2 내 아버지 집에 거할 곳이 많도다
그렇지 않으면 너희에게 일렀으리라
내가 너희를 위하여 거처를 예비하러 가노니

3 가서 너희를 위하여 거처를 예비하면 내가 다시 와서
너희를 내게로 영접하여 나 있는 곳에 너희도 있게 하리라

4 내가 어디로 가는지 그 길을 너희가 아느니라

5 도마가 이르되 주여 주께서 어디로 가시는지
우리가 알지 못하거늘 그 길을 어찌 알겠사옵나이까

6 예수께서 이르시되 내가 곧 길이요 진리요 생명이니
나로 말미암지 않고는 아버지께로 올 자가 없느니라

7 너희가 나를 알았더라면 내 아버지도 알았으리로다
이제부터는 너희가 그를 알았고 또 보았느니라

8 빌립이 이르되 주여 아버지를 우리에게 보여 주옵소서
그리하면 족하겠나이다

9 예수께서 이르시되 빌립아 내가 이렇게 오래
너희와 함께 있으되 네가 나를 알지 못하느냐
나를 본 자는 아버지를 보았거늘 어찌하여 아버지를 보이라 하느냐

10 내가 아버지 안에 거하고 아버지는 내 안에 계신 것을
네가 믿지 아니하느냐 내가 너희에게 이르는 말은
스스로 하는 것이 아니라 아버지께서 내 안에 계셔서
그의 일을 하시는 것이라

11 내가 아버지 안에 거하고 아버지께서 내 안에 계심을 믿으라
그렇지 못하겠거든 행하는 그 일로 말미암아 나를 믿으라 …

15 너희가 나를 사랑하면 나의 계명을 지키리라 …

21 나의 계명을 지키는 자라야 나를 사랑하는 자니
    나를 사랑하는 자는 내 아버지께 사랑을 받을 것이요
    나도 그를 사랑하여 그에게 나를 나타내리라 …

23 예수께서 대답하여 이르시되
    사람이 나를 사랑하면 내 말을 지키리니
    내 아버지께서 그를 사랑하실 것이요
    우리가 그에게 가서 거처를 그와 함께하리라

    요 14:1-11, 15, 21, 23.

대학 시절에 같은 아파트에 사는 후배가 오토바이를 몰고 다녔습니다. 아침에 학교 갈 때만 되면 저를 학교까지 태워준다고 했지만 저는 그 오토바이를 한 번도 타지 않았습니다. 그가 오토바이를 몰다가 목숨을 잃을 뻔한 사고를 여러 번 냈다는 사실을 알고 있었기 때문입니다.

그러다가 기말고사 시험을 볼 때 도저히 버스를 잡을 수 없어 할 수 없이 그의 오토바이 뒤에 타고 학교에 등교한 적이 있었습니다. 시속 60킬로미터 이상으로 달리는 오토바이 뒤에 내 몸을 맡기는 것은 참으로 두려운 일이었습니다. 특히 오토바이가 코너를 돌 때마다 제 몸은 마치 오토바이에서 떨어질 것처럼 땅으로 쏠렸습니다.

그러자 그 친구는 저를 안심시키려고 소리칩니다.

"형, 무서워마세요. 날 믿으세요!"

두려워말라는 그의 이야기를 들었지만 제 안에서 두려움이 사라지지 않았습니다. 두려워 말라고 말하는 그의 운전 실력을 저는 신뢰할 수 없었기 때문입니다. 만약 신뢰할 만한 운전수 뒤에 타고 있었다면 두려워 말라는 말을 듣지 않았더라도 저는 평안했을 것입니다.

우리는 지금까지 서로 사랑하라는 말씀을 많이 들었습니다. 하지만 이런 말은 현실 감각이 없는 사람이 하는 먼 이야기처럼 들릴 때가 많습니다. 사랑하라는 명령은 버겁게만 느껴집니다. 새 계명을 주셨는데 오히려 옛 계명처럼 들립니다.

왜 그럴까요? 마음에 깊이 자리 잡은 두려움 때문입니다. 제자들은 하나님 나라를 구현하기 위해 예수님을 따라다녔습니다. 시간과 젊음을 모두 드렸습니다. 그렇게 예수님을 따라다닌 지 3년이 지났지만 왠지 하나님 나라는 더 멀어져 가는 것 같았습니다. 세상은 아무것도 달라진 게 없었습니다. 이 땅에 하나님 나라를 이루시겠다는 예수님은 왕의 길이 아닌 종의 길을 걷겠다고 하십니다. 하루하루 예측할 수 없는 상황에 불안과 공포가 밀려들고 있었습니다.

두려움은 관계적 언어

그들은 지금 두려움의 집에 있습니다. 두려움의 공기로 호흡하고 두려움의 한숨을 내쉬는 것 같았습니다. 두려움이 그들 마음을 짓누르고 있습니다. 예수님은 두려워하는 제자들에게 말씀합니다. "너희는 마음에 근심하지 말라. 하나님을 믿으니 또 나를 믿으라"(1). 주님은 제자들의 마음에 두려움이 쌓여가고 있음을 아셨습니다.

성경에서 말하는 두려움은 감정적인 상태를 표현하는 언어가 아닙니다. 성경에서 말하는 두려움은 관계적 언어입니다. 하나님을 더 이상 신뢰하지 못하게 되었을 때, 그분과의 관계를 놓쳤을 때 우리 안에 나타나는 영적 상태를 표현하는 말입니다.

그러므로 사실 "두려워 말라"고 말씀하는 하나님을 신뢰하면 두려움은 사라집니다. 그러나 하나님을 신뢰하지 못한다면 아무리 하나님이 "두려워 말라"고 말씀하셔도 내 안에서 두려움은 떠나지 않습니다. 오히려 그 말씀으로 내 안에 두려움은 더 쌓입니다.

본문에서 예수님이 제자들에게 강조하여 말씀하신 부분도 마찬가지입니다. "하나님을 믿으니 또 나를 믿으라." 하나님과 예수님을 신뢰하라고 말씀합니다. 이쯤 되었으면 두려움이 사라져야 합니다. 그런데 제자들은 여전히 두려워합니다.

"주여 주께서 어디로 가시는지 우리가 알지 못하거늘 그 길을 어찌 알겠사옵나이까"(5). 마음에는 근심이 쌓여 가는데 근심하지 말라 하시니 도마는 사실 이 말씀 때문에 더 두려웠던 것입니다.

빌립은 어떻습니까? "주여 아버지를 우리에게 보여주옵소서. 그리하면 족하겠나이다"(8). 도마보다는 좀 낫습니다. "하나님은 신뢰하겠지만, 하나님을 믿고 또 '나를 믿으라' 하시니 좀 고민이 됩니다. 방금 노예의 모습으로 저희 발을 씻기신 당신을 믿으라고요?"

도마의 두려움

밤이 깊어가면서 제자들의 두려움도 점점 깊어갑니다. 이 두려움의 실체가 무엇입니까? 도마의 두려움은 이상에 관한 것이었습니다. 무엇인가를 이루어내고 싶은데, 현실은 이상과 너무 멀기만 할 때 내면에 일어나는 두려움입니다.

요한복음에서 도마는 네 번 등장합니다

디두모라고도 하는 도마가 다른 제자들에게 말하되 우리도 주와 함께 죽으러 가자 하니라(요 11:16).

가서 너희를 위하여 거처를 예비하면 내가 다시 와서 너희를 내게로 영접하여 나 있는 곳에 너희도 있게 하리라. 내가 어디로 가는지 그 길을 너희가 아느니라. 도마가 이르되 주여 주께서 어디로 가시는지 우리가 알지 못하거늘 그 길을 어찌 알겠사옵나이까. 예수께서 이르시되 내가 곧 길이요 진리요 생명이니 나로 말미암지 않고는 아버지께로 올 자가 없느니라. 너희가 나를 알았더라면 내 아버지도 알았으리로다. 이제부터는 너희가 그를 알았고 또 보았느니라(요 14:3~7).

다른 제자들이 그에게 이르되 우리가 주를 보았노라 하니 도마가 이르되 내가 그의 손의 못 자국을 보며 내 손가락을 그 못 자

국에 넣으며 내 손을 그 옆구리에 넣어 보지 않고는 믿지 아니하
겠노라 하니라(요 20:25).

도마가 대답하여 이르되 나의 주님이시요 나의 하나님이시니이
다(요 20:28).

우리의 주목을 끄는 대목은 다른 제자들에게 했던 11장 16절의
고백입니다. 3년 전, 예수님께서 하나님 나라의 복음을 전하기 시작
했을 때 도마는 꿈과 희망으로 가득 차 있었습니다. 예수께서 이 땅
에 하나님 나라를 구현하시리라는 기대감으로 그의 가슴은 부풀어
있었습니다. 또 수많은 무리가 주님을 따르는 것을 보면서 헌신을
보상받을 수 있다는 생각으로 흥분을 감출 수 없었습니다.

그런데 다 죽은 나사로까지 살아났습니다. 예수님은 과연 이스
라엘이 기다리던 메시아임에 틀림없었습니다. 11장에서 도마는 예
수님이 예루살렘에 하나님 나라를 구현하기 위해 자신의 목숨을 거
실 것이라고 믿었습니다. 예수님의 이상을 위해 자기도 목숨을 바칠
수 있다는 각오가 서려 있었습니다. 그만큼 도마의 헌신은 비장했습
니다.

하지만 14장에서 도마는 의기소침해 있습니다. 예수님께서 이
루시려는 일이 도대체 무엇인지 모르겠다고 합니다. 또 예수께서 가
시려는 길이 도무지 보이지 않는다고 합니다. 죽기까지 주님을 따
르겠다는 그 고백은 단순히 충동적으로 내뱉은 말이었을까요? 본래
충동적인 성격을 지닌 베드로가 이런 고백을 했더라면 이해가 됩니

다. 그러나 도마는 무척 신중한 제자였습니다(20:25). 충동적인 베드로와는 거리가 멀었습니다.

아마도 도마는 두려웠던 것 같습니다. 이 고백을 통해 드러난 도마의 두려움이 무엇인지 생각해봅니다. 도마의 두려움은 주님을 향한 남다른 헌신에서 비롯된 것이었습니다. 목숨까지 걸고 주님을 따를 각오가 되어 있었지만, 그는 주님에 대한 왜곡된 이미지를 포기하지 않았습니다.

자신이 따르는 주님은 창과 칼로 로마를 대항해서 장렬하게 싸우다 죽어가는 강력한 메시아이길 원했습니다. 만일 예수님이 그런 강한 전사의 모습으로 메시아의 마지막 길을 가시려 했다면 도마는 그분과 함께 목숨을 바치는 일이 그리 두렵지 않았을 것입니다. 그러나 자신이 따랐던 주님이 제자들의 발을 씻기는 모양으로 노예처럼 죽어간다고 하는 게 믿어지질 않았고, 자신도 그렇게 살아야 한다는 사실을 도저히 받아드릴 수 없었습니다.

'예수님이 저렇게 발을 씻기는 모습으로 떠나신다면 나는 도대체 뭐지? 지난 3년간 내가 이런 메시아를 따라왔단 말인가?' 어둠이 엄습해오는 마가의 다락방 한 구석에서 도마는 스스로 물었을 것입니다. 자신이 추구했던 하나님 나라의 이상이 일순간에 사라져버렸다는 사실에 대한 두려움이 한꺼번에 몰려든 것입니다. 내가 한 목숨 바쳐 이루고 싶어 했던 꿈이 산산조각 났을 때 내면에 찾아든 두려움을 경험해본 석이 있습니까?

47세의 늦은 나이에 선교사로 떠나던 날이 생생하게 기억납니다. 제가 개척했던 교회에서 선교 파송을 받아 떠났던 사건은 미주 중앙일보에 전면기사로 나올 정도로 화젯거리였습니다. 이미 건축까지 끝냈고 비교적 안정적으로 성장하는 교회였습니다.

그런데 그런 교회를 두고 47세밖에 안 된, 앞으로도 한참을 달려가야 할 담임목사가 티베트 선교사로 떠나기로 한 것입니다. 때마침 같은 교회의 2세 대상 영어 목회에서도 선교사 한 명을 파송하기로 했는데 그는 제가 초등학교 5학년 때부터 가르쳤던 제자였습니다.

중앙일보 기사는 이렇게 소개합니다. "김 목사의 나이 47세. 늘푸른선교교회를 개척한 지 이제 5년째니 차츰 부흥되는 교회를 보면서 목회 재미가 한창일 텐데, 그는 또 다른 시작을 위해 선교지로 발걸음을 옮긴다. 중국 서부의 오지가 그 걸음의 끝이다."

겉으로 보기에는 1세기 안디옥교회의 모습이 펼쳐지고 있다고 할 정도요, 한 이민 교회의 아름다운 헌신이라고 해도 손색이 없었습니다. 그러나 그 이면에는 개인이나 교회에 적지 않은 아픔이 있었습니다.

아무래도 젊은 목사가 목회를 내려놓고 선교사로 떠난다고 하니 몇몇 교인은 제가 장로들에 의해 밀려 억지로 나가는 것이 아닌가 오해했습니다. 교인들의 오해를 푸는 과정에서 제 마음에 상처가 되는 이야기도 들렸습니다. 그럴 때마다 갖은 오해와 말할 수 없는 수치를 당하셨음에도 묵묵히 이린양의 길을 걸어가신 예수님이 내 입을 막아주시고 마음을 굳게 잡아주셨습니다. 저는 그 예수님 한분을 바라보며 교회를 떠날 수 있었습니다.

때마침 저희 교회에는 좋은 목사님이 오셨습니다. 미국 웨스트 민스터에서 조직신학 박사학위를 받은 신학자이자, 필라델피아 지역에서 꽤 큰 교회를 담임하던 분이었습니다. 목회 경험도 많고 성경 강해도 탁월해 교인들은 새 목사님을 신뢰하고 따랐습니다.

선교사로 떠나기 얼마 전, 성탄절은 가족과 함께 보냈습니다. 성탄이 다가오면 메일박스를 가득 메우던 성도들의 성탄절 카드가 반갑기만 했습니다. 또 여기저기 초대를 받아 식사를 나누던 연말은 공허하지 않았습니다.

선교지로 떠나는 날, 아픈 아내를 딸에게 맡기고 발을 떼기가 정말 쉽지 않았습니다. 차라리 딸이 울며불며 바짓가랑이라도 잡고 가지 말라고 떼를 썼다면 마음이 더 편했을 것 같습니다. 하지만 딸은 두려움으로 상기된 얼굴이었는데도 떠나는 아빠를 붙들지 못했습니다. 그 모습에 억장이 더 무너지는 것 같았습니다.

공항으로 가는 차 안에서 창밖을 보았습니다. 창밖에 스쳐 지나가는 가로등은 마치 제 마음을 스쳐 지나가는 갈등과 번민인 것만 같았습니다. 그날따라 고속도로에는 차가 많았지만 나는 세상에서 외톨이처럼 느껴졌습니다. 선교지로 향하는 제 마음은 왠지 외롭고 쓸쓸했습니다.

'차라리 교통사고라도 나서 선교지로 가는 길이 막혔으면 좋겠

다…'

그래도 공항에 도착하면 저를 배웅하기 위해 많은 교인이 나와 있을 것이고, 그들과 마지막 교제를 나누다 보면 아내와 딸에 대한 걱정도 사라질 것이라는 생각이 들자 내심 위안이 되었습니다. 그런데 막상 공항에 도착해보니 어떤 일인지 한 명의 교인도 보이지 않았습니다. 저를 공항까지 태워준 장로님과 후배 중국 선교사 한 명뿐이었습니다. 땅이 꺼질 것 같은 허탈감, 가슴을 짓누르는 패배감이 갑작스럽게 몰려들기 시작했습니다.

'이게 지난 24년 이민 목회의 결론이란 말인가? 앞으로 내가 감당해야 할 티베트 선교의 마지막 그림도 이러하다면 난 감당할 수 없을 것 같다. 중국에서는 목회자들이 망가지기 쉽다는데, 중국 가서 망가져 볼까…'

옆에 있던 후배 선교사가 여러 위로의 말을 던졌지만, 이미 제 귀에는 아무 이야기도 들리지 않았습니다. 그때 그동안 꿈꾸어 왔던 목회에 대한 모든 이상이 다 깨어지는 것 같았습니다. 당시 제 마음에 찾아든 깊은 두려움을 지금도 잊지 못합니다.

도마의 두려움도 다르지 않았을 것입니다. 나의 이상과 꿈이 소멸되어 갈 때 우리는 두려움의 집에 갇힙니다. 그렇다면 빌립의 두려움은 어떠한 두려움이었을까요? 이 두려움은 관계에 관한 것이었습니다. 하나님의 품을 경험하고 싶어 3년 동안 예수님과 함께 머물러 보았지만 하나님의 품이 느껴지지 않았습니다. 하나님과 친밀해지고 싶은데 그분은 시간이 흐를수록 멀게만 느껴졌고, 설사 가까이 계시더라도 그 하나님을 친근하게 느낄 수가 없었습니다.

> 빌립이 이르되 주여 아버지를 우리에게 보여주옵소서. 그리하면
> 족하겠나이다. 예수께서 이르시되 빌립아 내가 이렇게 오래 너
> 희와 함께 있으되 네가 나를 알지 못하느냐 나를 본 자는 아버지
> 를 보았거늘 어찌하여 아버지를 보이라 하느냐. 내가 아버지 안
> 에 거하고 아버지는 내 안에 계신 것을 네가 믿지 아니하느냐 내
> 가 너희에게 이르는 말은 스스로 하는 것이 아니라 아버지께서
> 내 안에 계셔서 그의 일을 하시는 것이라. 내가 아버지 안에 거하
> 고 아버지께서 내 안에 계심을 믿으라. 그렇지 못하겠거든 행하
> 는 그 일로 말미암아 나를 믿으라(요 14:8~11).

빌립은 아버지 집의 본질이 무엇인지는 알고 있었던 것 같습니다. 그는 아버지의 집이 어떤 장소가 아니라 예수님과 아버지의 관계인 것을 알았습니다. 그래서 오늘 빌립은 예수님께 그 아버지를 보여달라고 호소합니다.

빌립은 예수님께서 보여주신 그 하나님이 보이지 않았기에 두려웠던 것입니다. 보아야 관계를 맺고, 관계를 맺어야 친밀한 교제 속으로 들어갈 텐데 그 하나님이 보이지 않습니다. 마지막 제자들의 발을 씻기는 섬김의 모습 속에 참다운 하나님의 모습을 보여주시겠다고 해서 더러운 발을 내밀어도 봤지만 그 하나님은 여전히 보이지 않습니다. 이제는 하나님을 볼 기회가 더 이상은 없다는 생각에 좌절과 절망이 밀려듭니다.

하나님에게서 등을 돌리며 살았던 인간의 마음에는 근본적으로 단절에 대한 두려움이 있습니다. 그래서 우리는 그 두려움으로부터 벗어나고자 하나님을 보고 싶어 하며 그 하나님과 연결되고 싶어 합니다. 그런데 그 하나님이 여전히 보이지 않을 때 우리 안에는 두려움이 자리 잡는 것입니다.

이 사실을 누구보다 깊이 깨달아 알았던 요한은 서두에서 예수님이 오신 목적을 요약해서 이렇게 설명합니다. "본래 하나님을 본 사람이 없으되 아버지 품속에 있는 독생하신 하나님이 나타내셨느니라"(요 1:18). "하나님을 본 사람이 없다"는 어찌 보면 구약성경 전체의 결론과도 같은 말씀입니다. 구약시대를 살았던 모든 사람은 전부 하나님을 보고 싶어 성전을 짓고 제단을 쌓고 율법을 지켰습니다. 그러나 그러한 모든 종교적 노력이 있었음에도 하나님을 대면한 자는 한 사람도 없었습니다.

출애굽기를 보면 특별한 삶을 살았던 한 사람이 있습니다. 인생의 꼭대기와 바닥을 다 경험했으며 생명과 죽음의 경계선을 넘나든 사람입니다. 그렇게 120년을 살았던 그가 인생 끝자락에서 평생 물었던 인생의 궁극적 질문을 담아 하나님께 드린 기도가 있습니다. 바로 "하나님이 보고 싶습니다. 하나님을 보여주십시오"라는 기도였습니다. 최고의 부와 권력을 소유해보았고 최고의 학문은 물론 기이한 종교적 체험도 다 해보았는데 문제는 하나님이 보이지 않았다는 것이었습니다. 하나님이 보이지 않았기에 그는 목말랐습니다. 그 목마름을 담아 하나님을 보여달라고 기도했던 것입니다.

이것이 단지 모세만의 고백은 아닐 것입니다. 우리가 왜 교회를 나갑니까? 왜 성경을 읽으며 기도하며 여러 모임에 그렇게 열심히 참여합니까? 어렵게 말할 필요 없습니다. 하나님이 보고 싶어서입니다.

비단 우리뿐 아닙니다. 오늘도 뉴욕 월가의 주식 시장을 가보면 하루에 12시간씩 두 주먹 불끈 쥐고 앞만 보고 달려가는 청년들이 있습니다. 그들에게 묻습니다. "당신은 무엇을 위해 그렇게 달려갑니까?" 그들은 대답합니다. "하나님을 보고 싶은데 보이지 않습니다. 그래서 당장 손에 만져지는 맘몬을 찾아 오늘도 이렇게 달려갑니다."

티베트를 다니면 오체투지라는 종교의식에 참여하는 수많은 티베트인을 만납니다. 오체투지는 이마, 양쪽 팔꿈치 그리고 양쪽 무릎이 땅에 닿을 정도로 라싸를 향해 절하고 다시 일어나 자신이 절한 거리만큼 걸어가면서 수백 혹은 수천 킬로미터의 길을 온몸으로 덮으며 행진하는 순례 여정입니다.

언젠가 오체투지를 하며 순례의 길을 가는 한 청년에게 물은 적이 있습니다.

"당신은 도대체 무엇을 위해 이 험난한 여정을 걸어갑니까?"

그때 그는 대답했습니다.

"하나님을 보고 싶지만 하나님이 보이지 않습니다. 이렇게라도 하면 하나님이 보일 것 같아서요."

하나님을 보고 싶지만 그릴 수 없었던 인류는 결국 두려움의 집에 살 수밖에 없었습니다.

"하나님, 왜 우리 아빠 뺏어갔어요?"

언젠가 딸이 저에게 이렇게 이야기합니다. "아빠, 나는 나중에 결혼해서 애를 낳으면 절대로 나 같은 아이로 키우지 않을래요."

공손하게 표현했지만, 이 속에는 결국 부모가 자신을 잘못 양육했다는 뜻이 포함되어 있었습니다. 저는 그 이야기를 들으며 매우 당혹스러웠습니다. 그래서 왜 그렇게 생각하는지를 물었습니다.

딸은 자신의 어린 시절을 떠올리면 모든 게 두렵기만 했던 한 아이가 생각난다고 합니다. 아픈 엄마와 함께 살면서 엄마에게 늘 뭘 하지 말라는 이야기만 듣다 보니 매사에 할 줄 아는 게 없어서 주눅 들어 있었다고 합니다. 나중에야 알았지만, 사실 자기는 할 수 있는 게 너무나 많았는데 어린 시절을 그렇게 두려움의 집에서 움츠리고 산 것을 생각하면 아직도 마음이 메어진다고 합니다.

아무래도 저는 목회에 너무 바빴고 아내는 병상에 종일 누워 있다 보니 그것이 딸의 많은 부분을 제한했던 것입니다. 자식에게 부모는 하나님을 비추는 거울이라고 했는데 우리 딸 역시 저와 아내가 비춘 하나님 이미지를 붙들게 된 것이 문제였습니다.

그러고 보니 딸아이가 중학교 다닐 때 일어났던 한 사건이 떠오릅니다. 하루는 딸이 학교에서 돌아오자마자 자기 방에 들어가 문을 걸어 잠그고는 통곡하며 울기 시작했습니다. 문을 두드리며 영문을 물어보려 했지만 딸은 울음을 그치지 않았습니다. 한참을 울고 나더니 하나님께 통성으로 기도하는데 그 내용이 기가 막힙니다.

"하나님, 왜 우리 아빠 뺏어갔어요? 선교지에서 우리 아빠 돌려주세요."

"하나님, 우리 엄마 건강 왜 뺏어갔어요? 건강 돌려주세요."

하나님의 존재를 의심하거나 불신한 게 아니었습니다. 딸은 하나님을 부르고 있었습니다. 하나님의 임재를 가까이 느끼고 있었습니다. 그런데 그 하나님은 가까이 있으면서도 자기를 힘들게 하고 있다고 생각한 것입니다. 하나님이 자신의 소중한 엄마 아빠를 빼앗아갔다는 것입니다.

절규하듯 외치며 기도하는 딸의 모습을 보며 막막하기만 했습니다. 요한복음 3장 16절을 기억한다고 아이의 아픔이 해결되리라는 확신이 들지 않았습니다. 내가 아는 하나님을 아는 지식으로 딸의 왜곡된 이미지를 바로잡아주려고 했지만 아이의 두려움은 좀체 떠날 것 같지 않았습니다.

세월이 꽤 지난 후 딸은 그때 자신의 내면에 일어났던 생각을 이렇게 적었습니다.

> 엄마의 침실은 나의 상상을 키워주고 자극했던 동심의 천국이었다. 그러나 실상 그 침실은 나에게 감동과 아름다운 추억과 안식과는 거리가 멀었다. 엄마의 허름한 잠옷과 오래된 스웨터가 널려 있었고 십 년 이상 엄마의 주식이었던 죽과 뉴트리션이 있는 '병실'일 뿐이었다.
>
> 나는 방과 후면 집에 와 엄마의 침실로 들어간다. 그리고 제일

먼저 창문 커튼을 열어준다. 열린 커튼 사이로 들어오는 햇살이 엄마에게 비치기 시작한다. 하루 중에 엄마가 유일하게 맛볼 수 있는 햇살이었다. 이 일을 10년 이상 했다.

나는 엄마 옆에서 학교에서 있었던 일을 다 이야기한다. 내 친구, 공부, 선생, 보이, 심지어는 점심 때 먹는 식사까지…. 하지만 내가 이야기하는 동안 엄마의 눈은 감기기 시작한다. 내 이야기를 들으려고 애쓰는 모습이 역력하다.

나는 종종 엄마에게 호소한다.

"엄마, 눈감지 마. 내 이야기 좀 들어줘…."

그래도 여전히 감기는 엄마의 눈. 소리를 지르고 울어보아도 엄마의 눈은 결국 감기고야 만다. 엄마는 하루에 사용할 수 있는 기력을 전부 소진해버린 것이다. 그때 내 귀에 희미하게 들려오는 익숙한 엄마의 소리….

"조이야, 미안하다. 엄마가 기운이 없어서 더 이상 네 이야기를 들어줄 수 없구나."

아빠는 선교를 떠나고 환자인 엄마와 나만 있는 이 집에는 깊은 적막이 흐른다. 내가 아무리 말해도 아무도 대답하지 않는다. 나는 그 침묵이 너무나 싫었다. 그래서 저녁이 되면 형제들끼리 TV 앞에서 소리내 웃고 떠들고 정신없이 시간을 보내는 친구들이 부러웠다. 아침이면 엄마가 해주는 따뜻한 아침밥을 먹고 분주하게 집 문을 나서 엄마가 차를 태워 학교에 가는 아이들이 부러웠다.

딸이 청소년 시기를 보내면서 하나님을 생각했는데 그때 하나님은 자신을 도와주시는 분이 아닌 자신이 하려는 것을 자꾸 제한하시는 분으로 인식되었고, 그렇게 하나님은 자신에게 늘 두려운 존재였다고 말합니다. 두려움 때문에 아무것도 못한다고 생각했던 그때가 인생에서 지워버리고 싶은 시간이었다고 이야기합니다.

두려움의 집에서 사랑의 집으로

두려움의 집에 사는 제자들에게 예수님은 아버지의 집, 사랑의 집을 소개합니다. 그 아버지의 집은 어떤 장소가 아닙니다. 그 집은 예수님과 아버지의 관계입니다. 그래서 예수님은 두려워하는 제자들에게 자신과 아버지의 관계를 강조하며 그 관계를 믿으라고 하십니다.

> 너희는 마음에 근심하지 말라 하나님을 믿으니 또 나를 믿으라 내 아버지 집에 거할 곳이 많도다 그렇지 않으면 너희에게 일렀으리라 내가 너희를 위하여 거처를 예비하러 가노니 가서 너희를 위하여 거처를 예비하면 내가 다시 와서 너희를 내게로 영접하여 나 있는 곳에 너희도 있게 하리라(14:1~3).

이 주제를 시작하면서 예수님은 "너희는 마음에 근심하지 말라 하나님을 믿으니 또 나를 믿으라"(1)고 하십니다. 또한 이 주제를 마치면서 "내가 너희에게 이르는 말은 스스로 하는 것이 아니라 아버지께서 내 안에 계셔서 그의 일을 하시는 것이라 내가 아버지 안에 거하고 아버지께서 내 안에 계심을 믿으라"(10~11)고 말씀하십니다. 이 두 구절은 오늘 본문에서 수미상관을 이루고 있습니다. 하나님만 믿는 게 아닙니다. 또 예수님만 믿는 게 아닙니다. 하나님을 믿으며 또한 하나님의 품을 보여준 예수님을 믿으라고 하십니다. 하나님과 그 하나님을 우리 가운데 보여주신 예수님의 관계를 믿으라고 하십니다. 그 관계는 아버지의 집이며 우리가 그 집에 거하면 우리의 두려움은 물러가기 때문입니다.

아버지와 예수님의 관계 속에 무엇이 있길래 그 관계 속에 우리가 동참할 때 두려움이 사라진다는 것입니까? "본래 하나님을 본 사람이 없으되 아버지 품속에 있는 독생하신 하나님이 나타내셨느니라"(요 1:18). 예수님은 아버지의 품속에 들어갔다 나오신 분입니다. 예수님은 곧 현존하는 아버지의 품입니다. 두 분은 그렇게 서로의 품을 나눌 만큼 신뢰했고 사랑하셨습니다. 내일이면 십자가의 죽음으로 이 땅을 떠나야 했지만 아버지의 품에 있는 아들은 아버지를 신뢰하며 그 길을 갑니다. 또한 아들의 품에 있는 아버지는 아들을 사랑하시기에 그 아들을 기꺼이 십자기에 내어주십니다.

그래서 요한은 아버지와 아들의 관계 속에 있던 사랑을 보면서 이렇게 선언한 것입니다. "사랑 안에 두려움이 없고 온전한 사랑이 두려움을 내쫓나니"(요일 4:18). 온전한 사랑은 서로의 품에 안긴, 아버지와 아들의 관계 속에 있는 그 사랑을 말합니다. 그 사랑 안에는 두려움이 없습니다. 그 사랑은 두려움을 내쫓습니다. 두려움의 집에서 불안과 공포에 떠는 제자들에게 신뢰와 사랑이 가득한 아버지의 품, 곧 아버지의 집을 소개하셨습니다. 두려움의 집을 떠나 사랑의 집에 거하면 제자들의 두려움은 사라진다는 것입니다.

그런데 지난 3년 동안 저들은 이 사랑의 집에 거하지 않았던가요? 예수님은 자신과 아버지의 관계를 충분히 보여주셨습니다. 빌립은 아버지와의 친밀한 관계 속에서 늘 아버지를 보여주셨던 예수님과 동고동락했습니다. 그런데 3년이 지난 지금에 와서 빌립은 예수님께 하나님을 보여달라고 합니다. 예수님은 빌립에게 다시 물으십니다. "내가 지금까지 보여주었는데 보지 못하였느냐? 7개의 표적을 보라. 그 속에 내가 보여준 하나님이 보이지 않는가?"

예수님은 하나님의 품을 보이시고 열어주신 분입니다. 예수님은 사랑의 아버지와 늘 함께 계셨던 분이고 제자들에게도 그 관계를 열어주신 분입니다. 제자들은 3년 동안 사랑의 집에 예수님과 함께 있었습니다. 그런데 저들은 왜 두려워할까요?

그들은 사랑의 집을 보여준 예수님을 이해하지 못했습니다. 길을 묻는 도마에게 예수님은 "내가 곧 길이요 진리요 생명"이라고 말씀합니다. 그런데 도마의 눈에는 그 십자가의 길이 보이지 않았습니다. 당연합니다. 자신이 기대했던 메시아의 길은 빼앗긴 것들을 힘과 능력으로 쟁취하여 놓일 승리의 길이라고 믿었기 때문입니다. 예수님이 말씀하신 그 길은 자신이 기대했던 메시아의 길과는 너무도 달랐습니다. 이런 그들에게 메시아가 누구이며, 무엇을 위해 오셨는지에 대해 예수님의 보여준 메시지가 보이지 않았던 것입니다.

내가 원하는 메시아 이미지와 내가 믿어야 하는 메시아상이 판이하게 달랐던 것입니다. 도마와 빌립이 그동안 믿었던 하나님은 높은 곳에서 힘과 능력으로만 세상을 다스리는 제왕적인 모습이었습니다. 예수님이 제자들의 발을 씻기며 보여주신 종의 모습을 띤 얼굴과는 판이하게 달랐습니다. 그래서 제자들은 3년이나 예수님과 함께 있었지만 예수님께서 보여준 하나님을 발견하지 못했습니다.

"너는 내 얼굴을 성형하지 말라"

저는 1년에 두 번씩 한국 교회에서 강의를 합니다. 그때마다 놀라는 사실이 있습니다. 강남의 예수와 강북의 예수가 다릅니다. 강남의 예수는 고상하고, 세련되고, 정형화된 예수입니다. 강북의 예수는 투박하고 촌스럽고 망가진 예수입니다. 어떤 쪽이 좋고, 어느 쪽은 틀렸다고 이야기하는 게 아닙니다. 똑같이 예수님을 믿었습니다. 예수님을 바라보고 예수님을 따르며 살고 있는데 나의 예수와 너의 예수가 다릅니다.

이처럼 우리 모두에게는 각자가 원하는 예수상이 하나쯤 있는 것 같습니다. 성경에 나오는 예수님의 얼굴을 우리가 원하는 예수로 분칠해서 나름대로 모셔놓은 믿음의 대상이 있다는 말입니다.

오늘날 우리 신앙생활의 화두는 더 이상 '예수님을 믿자'에 있지 않습니다. '어떤 예수님을 믿을 것인가?'가 화두입니다. 많은 분이 자신이 믿고 싶은 예수님을 만들어서 믿습니다. 마땅히 믿어야 할 예수님을 있는 그대로 받아들이지 못합니다.

우리도 종종 그럴 때가 있지 않습니까? 자신이 원하는 예수상을 만들어놓고 그것을 믿고 따라갑니다. 그런데 어느 날 성경에서 말씀하시는 참 예수를 만났는데 그 예수가 오히려 생소하게 느껴지는 경우를 때때로 경험합니다.

우리는 스스로 이렇게 물어야 합니다.

"어떤 예수님을 믿을 것인가?" "우리가 믿고 싶은 예수님을 믿을 것인가? 아니면 마땅히 믿어야 할 예수님을 믿을 것인가?"

북경에서 며칠 동안 가정교회를 섬길 때였습니다. 강의를 다 마치고 저는 그 가정교회 동역자들과 유명한 북경오리집에 식사하러 갔습니다. 저는 북경오리를 무척 좋아하는데, 마침 북경 최고의 전문점이라고 해서 큰 기대감으로 식당에 들어섰습니다. 그런데 그 식당 문에 들어섰는데 북경오리 생각은 싹 사라지고 그곳에서 일하는 어떤 여자 지배인에게 시선을 집중할 수밖에 없었습니다. 아주 낯익은 얼굴이 여기 와 있는 것이었습니다. 그를 어디서 보았을까 곰곰이 생각하던 중에 저는 깜짝 놀랐습니다. 당시 한국과 중국에서 커다란 인기를 누리던 영화배우 김희선 씨였던 것입니다.

그런데 아무리 생각해보아도 김희선 씨가 여기에 지배인으로 있을 리는 없다는 생각이 들었습니다. 드라마 촬영 중인가 생각하여 주위를 보았더니 그런 분위기도 아니었습니다. 쌍둥이였던가? 그것도 아니었습니다. 그래서 한 여자 종업원을 불러 물었습니다. "저 사람 내가 아는 영화배우와 똑같은데, 이게 도대체 어떻게 된 건가요?" 그랬더니 아주 꺼려하면서, 제 귀에다 대고 저에게만 이런 이야기를 해줍니다. 그런데 중국 사람들 목소리가 좀 크지 않습니까?

저에게만 해준다는 이야기를 제 친구들도 다 듣고 뒤로 자지러졌습니다.

"성형했는데 너무 잘되었습니다."

제 동역자들은 그 이야기를 듣고 포복절도하는데 이상하게도 저는 웃을 수가 없었습니다. 오히려 온몸에 전율이 느껴지도록 하나님 음성이 들리는 것이었습니다. 주님은 저에게 이렇게 말씀하시는 것 같았습니다.

"너는 내 얼굴을 성형하지 말라."

예수님은 힘의 철학을 믿는 로마인을 전도하기 위해 더 강한 신으로 나타나 그들을 굴복시키지 않으셨습니다. 무능하게 십자가에 죽으심으로 무능 속에서 하나님의 전능을 나타내셨습니다. 헬라의 지성인들을 전도하기 위해 더 현란한 언어와 고상한 지혜의 말씀으로 그들을 설득하지 않았습니다. 가장 어리석어 보이는 십자가 복음을 보여주심으로 어리석은 십자가가 구원의 능력임을 말씀하셨습니다. 또 표적을 좋아하는 유대인을 전도하기 위해 다시 한번 홍해를 가르시지 않았습니다. 오히려 유대인들이 저주라고 생각하는 십자가에 못 박혀 공중에 매어달려 죽으셨습니다. 유월절 어린양으로서 돌아가신 그 죽음이야말로 가장 확실한 표적이었습니다.

무능해 보이는 그 십자가의 예수를 믿으면 무능 속에 전능으로 나타난다고 하셨습니다. 어리석어 보이는 그 십자가의 예수를 믿으면 어리석음 속에 구원의 지혜가 나타난다고 하셨습니다. 저주스럽게 보이는 그 십자가의 예수를 믿으면 저주가 축복이 되는 반전의 역사가 나타난다고 하셨습니다.

그때 저는 깨달았습니다. 그동안 목회 현장에서 섬기고 다스리는 사역을 하면서 도대체 무엇 때문에 그렇게 힘들었는가 생각해보니 결국 예수님을 내가 원하는 예수로 성형해서 믿었기 때문이었습니다. 나의 왜곡된 헌신 이면에는 왜곡된 헌신의 대상이 자리하고 있었던 것입니다. 왜곡된 하나님의 형상이 왜곡된 섬김으로 표현되었고 왜곡된 다스림으로 세상 가운데 드러났던 것입니다.

제가 예수님을 성형하지 않고 있는 그대로 믿었을 때 예수님은 저에게 아버지를 보여주셨습니다. 예수님과 아버지의 관계 속에 나타난 사랑의 집을 보여주셨습니다. 그리고 나아가 그 사랑의 집으로 가는 참다운 길, 생명의 길을 보여주셨습니다. 그렇다면 그 사랑의 집은 어떻게 가는 걸까요?

예수님의 길에 올라타라

그 사랑의 집으로 가는 길이 있습니다. 그리고 그 길의 안내자가 있습니다. 아버지 집으로 가는 길은 예수님이요, 그 길의 안내자는 성령님이십니다.

> 예수께서 이르시되 내가 곧 길이요 진리요 생명이니 나로 말미암지 않고는 아버지께로 올 자가 없느니라(14:6).

본문의 더 좋은 번역은 "내가 곧 진리의 길이요 생명의 길이니

나로 말미암지 않고는 아버지께로 올 자가 없느니라"입니다. 예수님이 진리의 길이 되시는 것은 곧 십자가의 길을 통해 죄의 권세를 물리치고 구원의 길을 여셨기 때문입니다. 예수님은 우리 죄를 대속해서 죽으신 죄 없으신 하나님입니다. 예수님은 죽음의 자리에 머물러계실 수 없었습니다. 삼일 만에 부활하심으로 죽음의 권세를 무너뜨렸으니 그분은 또한 생명의 길이 되셨습니다.

예수님은 제자들에게 진리의 길이요 생명의 길인 자신에게 믿음의 반응을 보이라고 하십니다(14:1). 하나님을 믿고 자신을 믿으면 진리의 길과 생명의 길이 보인다는 것입니다. 그래서 주님은 자신을 믿으라고 강조하십니다. 길을 보고 믿는 게 아니라는 것입니다. 믿으면 길이 보인다는 것입니다.

제가 중국 선교를 떠날 때 공항에서 유일하게 저를 배웅해준 중국 선교사 출신 후배가 있습니다. 평생 중국 선교사로 살고 싶었으나 막내딸이 일곱 살에 뇌종양 수술을 받게 되면서 중국 선교를 접고 미국에 돌아왔습니다. 마침 제가 늦은 나이에 선교사로 떠난다는 이야기를 듣고 공항에 저를 배웅나온 것입니다. 공항에서 그 선교사는 저에게 편지 한 통을 건네주며 자기가 다하지 못한 선교를 대신해주었으면 좋겠다고 말했습니다. 비행기 안에서 그 편지 봉투를 열어 보니 자신이 중국선교를 하면서 쓰다 남은 중국 돈과 일곱 페이지의 긴 편지가 담겨 있었습니다.

그 편지를 읽고 저는 제가 섬겨야 할 중국과 티베트를 위해 간절히 기도했습니다.

"하나님, 모든 것을 다시 시작하고 싶습니다. ⋯ 이 시간 저는 티베트와 중국을 위해서 어떻게 기도해야 할지조차 모르겠습니다. 티베트와 중국을 위한 기도부터 다시 가르쳐주소서."

그때 하나님은 저에게 다음과 같은 응답을 주셨습니다.

"네가 바라보는 저 땅을 위한 가장 좋은 기도를 하기 원하느냐? 그렇다면 예수를 잘 믿어라. 예수 플러스 썸씽(something)이 아니라 예수 플러스 나씽(nothing)을 믿었으면 좋겠다."

주님께서 저에게 원하시는 것은 한 가지였습니다. 예수를 잘 믿는 것이었습니다. 예수 한 분으로 정말 만족하는 나, 그리고 예수 한 분으로 충분하다고 고백하는 내가 되길 원하셨습니다. 그때 제 안에는 새로운 땅에서 새로운 사역을 시작해야겠다는 소원이 일어났습니다. 그렇게 하려면 하나님을 다시 새롭게 만나지 않으면 안 된다는 절박감도 생겼습니다. 저의 중국/티베트 사역은 그렇게 시작되었습니다.

성령께서 내미는 손을 잡으라

보혜사 성령님은 진리의 영이십니다(요 14:16~24). 성령님은 제자들과 함께 거하심으로 그들을 진리 가운데로 인도하시기 때문입니다. 부부가 함께 살아감으로 서로를 경험적으로 알아가듯이 성령님은 제자들 가운데 함께 거하여 예수님과 또 예수께서 나타내 보여주신 그분을 경험적으로 알아가도록 인도하시는 분이라는 뜻입니다.

16장에는 진리의 영이 우리를 어떻게 예수님께로 인도하는지를 보여줍니다. 나아가서 진리의 영이 어떻게 아버지의 품속으로 인도하는지를 구체적으로 이야기합니다.

내가 아직도 너희에게 이를 것이 많으나 지금은 너희가 감당하지 못하리라 그러나 진리의 성령이 오시면 그가 너희를 모든 진리 가운데로 인도하시리니 그가 스스로 말하지 않고 오직 들은 것을 말하며 장래 일을 너희에게 알리시리라(16:12~13).

우리가 예수님 안에 거하면 사실 우리는 아버지 안에 거하게 됩니다. 예수님은 아버지 안에 계시기 때문입니다. 그런 면에서 제자들이 예수님 안에 거한다는 의미는 엄밀히 말하면 예수님과 아버지의 관계 속에 거하는 것입니다. 즉, 서로를 품고 계신 예수님과 아버지의 사랑의 관계 속에 거하는 것입니다. 그 관계에 거한다 함은 곧 14장 초반부에 이미 말씀하신 아버지의 집에 거하는 것입니다. 요약하면, 예수님은 제자들이 아버지 안에 거하는 길을 다음과 같이 설명하십니다.

예수님은 아버지 안에 거하십니다.
제자들은 예수님 안에 거합니다.
그러므로 제자들은 아버지 안에 거할 것입니다.

바로 이 관계의 연결고리를 만드는 분이 성령님입니다. 그러므로 성령님은 우리를 아버지 집으로 인도하는 안내자가 되십니다.

제가 섬기던 교회에서 체육대회를 열었습니다. 두 사람이 긴 줄의 양 끝을 잡고 돌리면 구역 식구들이 그 속에 들어가 폴짝폴짝 뛰는 줄넘기 게임을 했습니다. 어느 구역에 음악적 재능이 뛰어나고 몸이 가벼운 집사님이 있었습니다. 몸이 얼마나 가뿐하고 또 박자 감각이 정확한지 줄 안에 들어간 후 걸리지 않고 수십 번을 뛰었습니다. 문제는 구역의 다른 식구들이었습니다. 감히 그분과 함께 뛸 엄두가 안 나 아무도 따라 들어가지 못했습니다. 그러자 그 집사님이 줄 밖으로 나와 한 사람 한 사람에게 줄넘기의 박자와 뛰는 요령을 가르쳐준 다음 한 사람씩 데리고 들어가 결국에는 구역 식구 모두가 일사분란하게 줄넘기를 했습니다.

이런 모습을 보면서 저는 성령님이 행하시는 사역도 마찬가지라는 생각을 했습니다. 오늘도 사랑의 줄넘기를 돌리는 하나님 아버지와 아들이 있습니다. 아버지와 아들이 돌리는 그 줄넘기에 사람들이 들어가 뜀박질하려고 하지만 아무도 그 사랑의 박자를 모르기 때문에 들어갈 엄두를 내지 못합니다. 이때 아버지와 아들의 사랑의 박자를 아는 성령님이 줄 밖으로 나오셔서 우리에게 삼위일체 하나님의 사랑의 박자를 가르쳐줍니다. 그러고는 우리의 손을 잡고 줄 안으로 데리고 들어가 삼위 하나님의 사귐 안에서 마음껏 뛰게 하십니다. 성령님은 모든 사람이 아버지와 아들의 줄 안에 들어가 함께 사랑의 뜀박질을 하기까지 쉬지 않고 우리에게 사랑의 박자를 가르쳐주시는 것입니다. 우리를 누려움의 십에서 사랑의 집으로, 고아의 집에서 아버지의 집으로 가게 하기 위해서입니다.

그렇다면 우리는 이러한 보혜사 성령님의 인도하심에 어떤 반응을 보여야 합니까?

서로 사랑하는 자에게 나타나는 일

예수께서 대답하여 이르시되 사람이 나를 사랑하면 내 말을 지
키리니 내 아버지께서 그를 사랑하실 것이요 우리가 그에게 가
서 거처를 그와 함께하리라(14:23).

예수님은 당신을 사랑하면 "내 말을 지킨다"고 말씀하십니다.
"내 말"은 예수님이 말씀하신 새 계명을 말합니다. 14장 15, 21절에
비추어보면 모든 계명이 아니라 "서로 사랑하라"는 계명을 가리킵
니다. 이 계명을 지키면 나타나는 현상이 있습니다. "우리가 그에게
가서 거처를 그와 함께하리라"는 말씀에 잘 나타나 있습니다.

직역하면 "우리 곧 아버지와 아들이 가서 집을 짓고, 그곳에서
새 계명을 지키는 자와 함께 살겠다"는 것입니다. 아버지와 아들이
사랑하는 자들의 관계 속에 들어와 텐트를 치겠다는 것입니다. 이
말은 우리가 사랑하면 그 사랑의 관계 속에 삼위 하나님이 임재해
계신다는 뜻입니다. 하나님 편에서는 그곳에 아버지와 아들의 집이
있다는 것이며, 우리 편에서 보면 서로 사랑함으로써 아버지와 아들
이 지어놓은 집에 들어가 함께 사는 것이 됩니다.

우리 딸이 하나님께 왜 엄마와 아빠를 빼앗아갔느냐고 소리치

며 울고 있었을 때 딸의 안타까운 절규를 하나님만 듣고 계신 게 아니었습니다. 병상에 누워 있는 아내도 들었고 그 눈물을 보았습니다. 아내는 병약한 자기 몸을 일으키더니 딸 방문 앞에 앉아 애절한 기도를 시작했습니다.

"하나님, 저는 지금까지 이 딸에게 해준 게 아무것도 없습니다. 아이에게 따뜻한 밥 한번 해서 먹인 적도 없는 제가 이 아이의 엄마라고 불릴 자격이 있는지 모르겠습니다. 그런데 하나님 이 아이가 아파하지 않습니까? 너무 아파서 이렇게 통곡하며 하나님께 외치지 않습니까? 우리 아빠 돌려달라고요. 우리 엄마 돌려달라고요. 제가 지금까지 엄마 노릇을 못했는데, 이번 한 번만이라도 엄마 노릇 하게 해주세요. 이 딸의 고통 제가 나누어지게 해주세요."

그때 아이는 문을 박차고 나와 엄마 품에 안깁니다. 그리고 흐느껴 울기 시작합니다.

하나님은 사랑이시라는 사실을 우리 딸이 과연 몰랐을까요? 하나님은 모든 것을 주시되 자기 아들까지 아낌없이 내어주신 사랑의 하나님인 것을 잘 알고 있었습니다. 그러나 그 사랑이 가슴으로 느껴지지 않았던 것입니다. 지금까지 딸은 두려움의 집에서 살아왔기 때문입니다. 두려움의 집에서 그가 경험한 하나님은 자기의 가장 좋은 것을 거두어가시는 분이었습니다. 자기 삶에 경계선을 치고, 이런저런 이유로 제한하는 분이라고 여겼던 것입니다.

그런 딸에게 가장 필요했던 것은 사랑의 집을 경험하는 일이었습니다. 그리고 병상에 누워 있었던 아내가 그 사랑의 품을 열어주었습니다. 아이는 엄마 품에 안겨 흐느껴 울기 시작했고 그 품 안에서 처음으로 사랑의 집을 경험하게 됩니다. 자기 내면에 일어난 그 사건에 대해 우리 딸은 이렇게 적었습니다.

엄마에게 이야기하는 것이 비록 때로는 혼이 없는 사람에게 말하는 것처럼 느껴지기도 했지만, 내 이야기와 목소리가 엄마에게는 담 너머 저 세상과 연결하는 유일한 통로라는 사실을 알았기에 나는 엄마에게 이야기하기를 그치지 않았다. 나는 믿었다. 주로 나 혼자 독백하듯 내뱉는 때가 대부분이었지만 엄마는 내 이야기를 듣고 있었다고…. 엄마는 내 이야기를 듣는 유일한 청중이었고, 마음을 담아 쓰는 비밀 일기장처럼 자신을 들여다보는 내 영혼의 거울이 되었다.

고등학교에 들어가면서 나는 침묵의 껍질을 부수고 나오기 시작했다. 드디어 내 인생에도 엄마 외에 내 이야기를 듣는 청중이 생긴 것이다. 그들 앞에서 나는, 엄마 침실에서 이야기하듯 그렇게 자기 이야기를 하기 시작했다. 수백 명의 기독 청소년 모임에서, 학교신문 기자들 앞에서, 심지어는 학교 선생님들 앞에서 나는 두려움 없이 마치 엄마 침실에서 이야기하듯 내 이야기를 하고 있었다.

그리고 내 이야기를 듣는 아이들과 선생님들의 눈은 감기지 않았다. 오히려 웃으며 고개를 끄덕이며 때로는 눈물을 흘리며 이야기를 들어주었다. 이제 집 밖에서도 내 이야기를 들어주는 사람이 많이 생겼다.

그러나 나는 오늘도 여전히 엄마의 침실을 찾는다. 엄마의 침실에서 나는 '이야기의 능력'을 경험했기 때문이다. 나의 보잘것없는 언어가 사람과 사람을, 그리고 사람과 세상을 연결할 수 있음을 알았기 때문이다.

고등학교를 졸업하며 나는 회상한다. 엄마의 침실은 때로는 커다란 강당과도 같았다. 때로는 작은 강의실과도 같았다. 그리고 언제나 내 마음의 성전이 되어주었다.

무슨 일이 벌어졌습니까? 엄마의 품에서 사랑의 집을 경험한 것입니다. 사랑의 집에 머물고 있다는 것을 알게 된 우리 딸은 더 이상 외롭지 않았습니다. 그때 저는 요한복음 14장 23절 말씀이 어떤 의미인지를 알게 되었습니다. "예수께서 대답하여 이르시되 사람이 나를 사랑하면 내 말[새 계명]을 지키리니 내 아버지께서 그를 사랑하실 것이요 우리가 그에게 가서 거처를 그와 함께하리라[집을 짓고 그와 함께 살리라]."

성령님은 아버지와 아들의 사랑의 관계 속에서 우리 가운데 오신 분입니다. 사랑을 이끄시는 분이고 사랑하다 넘어졌을 때 일으키시는 분이고 결국은 사랑의 관계를 완성하는 분이십니다. 이제 성령님은 공동체의 관계 속에서 아버지와 아들의 사랑의 관계를 가르쳐주실 것입니다. 나아가서 공동체의 관계 속에서 아버지와 아들이 나눈 똑같은 사랑을 이루어가게 하실 것입니다. 그리고 궁극적으로는 서로 사랑하는 공동체의 관계 속에서 아버지와 아들이 나눈 그 사랑의 집을 완성하실 것입니다.

이제 우리는 서로 사랑함으로 삼위일체 하나님의 사랑의 관계로부터 오신 성령님께 반응을 보이면 됩니다. 나머지는 성령님이 하실 것입니다.

4장　　마지막 제자도
　　　　: 관계, 관계, 관계

4   내 안에 거하라 나도 너희 안에 거하리라
    가지가 포도나무에 붙어 있지 아니하면
    스스로 열매를 맺을 수 없음 같이
    너희도 내 안에 있지 아니하면 그러하리라

5   나는 포도나무요 너희는 가지라
    그가 내 안에, 내가 그 안에 거하면
    사람이 열매를 많이 맺나니 나를 떠나서는
    너희가 아무 것도 할 수 없음이라

6   사람이 내 안에 거하지 아니하면
    가지처럼 밖에 버려져 마르나니
    사람들이 그것을 모아다가 불에 던져 사르느니라

7   너희가 내 안에 거하고 내 말이 너희 안에 거하면
    무엇이든지 원하는 대로 구하라 그리하면 이루리라

8   너희가 열매를 많이 맺으면
    내 아버지께서 영광을 받으실 것이요
    너희는 내 제자가 되리라 …

15 이제부터는 너희를 종이라 하지 아니하리니
    종은 주인이 하는 것을 알지 못함이라
    너희를 친구라 하였노니 내가 내 아버지께 들은 것을
    다 너희에게 알게 하였음이라 …

18 세상이 너희를 미워하면
    너희보다 먼저 나를 미워한 줄을 알라

19 너희가 세상에 속하였으면
    세상이 자기의 것을 사랑할 것이나
    너희는 세상에 속한 자가 아니요

도리어 내가 너희를 세상에서 택하였기 때문에
세상이 너희를 미워하느니라

20 내가 너희에게 종이 주인보다
더 크지 못하다 한 말을 기억하라
사람들이 나를 박해하였은즉 너희도 박해할 것이요
내 말을 지켰은즉 너희 말도 지킬 것이라

요 15:4-8, 15, 18-20

미국에 나파밸리(Napa Valley)라는 유명한 포도원 마을이 있습니다. 형님이 그곳에서 오래 사셨기에 한 번 방문한 적이 있습니다. 아주 오래전이었음에도 마을 풍경이 아직도 마음에 여운으로 남아 있습니다. 특히 해가 뜨는 아침과 해가 지는 늦은 오후의 포도원 풍경은 참으로 일품입니다. 싱그럽게 열린 포도송이에 맺힌 이슬에 아침 햇살이 비추면 포도나무들은 금띠를 두른 모습으로 변합니다. 서쪽 하늘에 해가 질 무렵이 되면 포도원 전체는 오렌지 빛깔을 띠고 포도원 길을 따라 손을 잡고 거니는 연인들 모습도 눈에 들어옵니다.

캘리포니아에서 목회했던 30~40대 시절만 해도 예수님의 포도나무 비유를 들으면 저는 이 포도원 풍경을 떠올리곤 했습니다. 때가 유월절이었다면 달이 유난히 환하게 비추는 시기입니다. 환한 달빛 아래에 펼쳐진 포도원 풍경이 그려졌습니다. 그 포도원을 배경으로 제자들에게 포도나무 비유를 말씀하시던 예수님의 목소리도 상상해보았습니다. 이 로맨틱한 장소에서 예수님의 말씀은 참 감미

로웠을 것 같았습니다.

  그러나 지난 13년간 치열한 영적전쟁 현장인 선교지를 다니면서 이 포도나무 비유가 새롭게 읽혔습니다. 예수님께서 비유를 말씀하실 때의 분위기는 편안하지도, 훈훈하지도 않았습니다. 또한 어조나 음성 또한 그렇게 부드럽거나 감미롭지 않았을 것입니다.

말씀이 주어진 맥락

사실, 예수님이 주신 포도나무와 가지 비유는 다음과 같은 맥락에서 하신 말씀입니다.

> 세상이 너희를 미워하면 너희보다 먼저 나를 미워한 줄을 알라
> 너희가 세상에 속하였으면 세상이 자기의 것을 사랑할 것이나
> 너희는 세상에 속한 자가 아니요 도리어 내가 너희를 세상에서
> 택하였기 때문에 세상이 너희를 미워하느니라 내가 너희에게 종
> 이 주인보다 더 크지 못하다 한 말을 기억하라 사람들이 나를 박
> 해하였은즉 너희도 박해할 것이요 내 말을 지켰은즉 너희 말도
> 지킬 것이라(15:18~20).

  세상이 예수님을 박해했기에 제자들도 박해할 것이라 말씀합니다. 다음 장에 보면, 심지어 예수님을 죽이고 나아가 예수 안에 있는 가지들도 죽일 것이라고 말씀합니다. 그러므로 포도나무 비유는

세상이 교회를 핍박하는 상황에서 주신 말씀입니다. 그렇게 적대적인 세상을 향해 제자들이 어떠한 반응을 보여야 하는가를 담고 있습니다. 겉으로 보기에는 분위기 있는 고상한 신앙생활을 말하는 것 같지만, 그 이면에는 치열한 영적전쟁의 현장에서 그들을 대적하는 세상을 향해 교회가 어떠한 반응을 보여야 할지를 말씀하십니다.

주님은 크게 세 가지를 말씀하십니다. 본문은 예수님 안에 거하라, 예수님이 주신 말씀 안에 거하라, 예수님이 살아내신 사랑 안에 거하라고 삼중으로 강조합니다. 그것은 첫째도, 둘째도, 셋째도 관계입니다. 관계를 세 번이나 강조하십니다. 포도나무 비유를 통해 예수님이 하고 싶으셨던 말씀은 처음부터 끝까지 관계였습니다.

포도나무는 포도 열매를 맺는 것 외에는 별로 쓸모가 없는 나무로 알려져 있습니다. 목재로도 쓸 수 없고 관상용으로도 그저 그렇습니다. 심지어는 땔감으로도 사용할 수 없습니다. 포도나무의 유일한 존재 목적은 포도 열매를 맺는 것인데 그 열매는 오직 가지가 포도나무에 붙어 있음으로만 가능합니다.

열매는 가지가 나무에 붙어 있을 때 따라오는 소산물입니다 그러므로 열매 자체를 강조한다기보다는 가지와 포도나무 사이의 의존적 관계가 강조됩니다.

주님이 강조하는 열매의 본질

주님은 마지막 고별 메시지에서 이 부분을 거듭 강조하십니다. 믿음

생활이 힘들어질수록 우리는 본질로 돌아가야 하는데 그 본질이란 포도나무이신 예수님과 관계를 맺는 것이고 그 안에서 살아가고 거기에 우리 인생을 거는 것이라고 말씀합니다.

그렇다면 좀 이상합니다. 교회는 지금 절체절명의 위기 속에 있습니다. 이런 상황에 한가하게 관계를 돌아보라고요? 누가 보아도 지금은 행동해야 할 때 아닙니까? 광복의 깃발을 높이 들고 창과 칼을 들고 목숨 걸고 싸워야 할 때가 아닙니까?

그런데 이런 상황에서 주님은 말씀하십니다. "나는 포도나무요 너희는 가지라 그가 내 안에, 내가 그 안에 거하면 사람이 열매를 많이 맺나니 나를 떠나서는 너희가 아무것도 할 수 없음이라"(15:5).

사실 제자들 입장에서 보면 예수님 말씀이 좀 뜬금없다는 생각이 듭니다. 누가 보아도 지금은 한가하게 관계를 곱씹어야 할 때는 아닌 듯 보입니다. 더욱이 제자들이 누구입니까? 거의 대부분 갈릴리 출신으로, 광복의 열망을 품고 살아온 사람들입니다. 유월절이 되면 나라와 민족을 위하여 장렬한 전사가 되고 싶어 하는 이들입니다. 그들 역시 그러한 열망을 품고 여기까지 왔습니다.

그런데 행동이 아닌 관계를 생각하라고요? 투쟁이 아닌 연합으로 나아가라고요? 왜 주님은 이 시점에서 관계를 강조하시는 것일까요? 두 가지 이유가 있습니다.

첫째, 생명의 본질이 곧 관계이기 때문입니다.

예수님은 오직 생명으로만 죽음의 권세를 이길 수 있음을 아셨습니다. 때문에 그 어느 때보다 죽음의 권세가 강하게 몰려오는 이 순간에 예수님은 생명의 본질인 관계를 강조하신 것입니다. 이제 곧 예수님은 십자가를 지셔야 합니다. 죽음의 권세가 자신에게 가까이 와 있음을 그 어느 때보다 강하게 느끼셨습니다. 자신뿐만 아니라 제자들의 마음까지 죽음의 권세가 짓누르고 있음을 아셨습니다. 그때 제자들에게 너희는 가지니 나에게 붙어 있으라, 나와의 관계를 꼭 붙들라고 하십니다. 오직 생명으로만 죽음을 물리칠 수 있기 때문입니다. 그 생명의 본질이 바로 관계입니다. 그렇지 않습니까? 모든 관계를 생각해보십시오.

부부 사이의 관계를 통해 한 생명이 태어납니다. 세상의 모든 피조물, 모든 생명은 관계에서 탄생합니다. 하나님의 생명도 마찬가지입니다. 오늘도 성령 하나님은 우리에게 생명을 주십니다. 그래서 성령 하나님은 살리는 영입니다. 살리는 영, 즉 성령은 어디에서 오십니까? 삼위 하나님의 관계에서 오신 분입니다. 아버지와 아들의 사랑의 관계 속에서 우리 가운데 오신 영입니다. 그러므로 살리는 영이신 성령의 역사는 자기 역사가 아닌 철저하게 삼위 하나님의 관계성 속에 내재합니다. 이것은 무엇을 말합니까? 생명의 본질은 관계에 있다는 뜻입니다.

반대로 죽음의 본질은 무엇일까요? 관계가 끊어지는 것입니다. 우리의 죄로 죽음이 들어왔다는 의미는 우리의 죄 때문에 하나님과의 관계가 끊어졌다는 뜻입니다. 뿌리 뽑힌 나무처럼 내 안에 내재된 자원만으로 살아가다가 결국엔 죽게 되는 것입니다.

부부가 함께 사는데 그 관계가 끊어지면 자녀들은 결핍증을 앓습니다. 늘 사랑의 결핍을 느끼니까 엉뚱한 데서 부족한 사랑을 채우려다 내면이 망가집니다. 관계가 무너진 가정의 삶은 죽음의 상태와 크게 다르지 않습니다. 그러므로 생명의 본질은 관계입니다. 주님은 십자가 죽음이 엄습해오는 이 상황에서 먼저 생명의 본질인 관계를 붙들고 있는 모습을 보여주십니다.

힘들수록 관계 속으로 더 깊이 들어가라

예수님은 자신이 아버지께로부터 왔고 다시 아버지께로 돌아갈 것을 아셨습니다(요 13:1). 악의 세력이 자신을 십자가 죽음으로 더 가까이 내몰수록 예수님은 아버지와 아들의 관계 속으로 더 깊이 들어가셨습니다. 저들의 압박이 더 심화될수록 예수님은 아버지의 품 속 더 깊은 곳으로 들어가 아버지의 심정을 더 깊이 느끼길 원하셨습니다. 죽음은 생명으로 이길 수 있는데, 그 생명은 곧 아버지와의 관계에 있다는 사실을 예수님은 아셨던 것입니다. 그래서 어쩌면 죽음을 맞이할지도 모르는 제자들에게도 주님은 동일하게 말씀하십니다. "내 안에 거하라 … 나는 포도나무요 너희는 가지라"(4~5).

저에게도 죽음의 실체를 아주 가까이서 느꼈던 시간이 있었습니다. 북한에 억류되어 조사를 받을 때였습니다. 죽음이라는 권세가 매일 아침 목을 조여오는 느낌이었습니다. 아침이면 김일성 김정일 선동방송이 무려 두세 시간 이어집니다. 농이 트면 조사실 창문 밖에서 김일성 동상을 찾아 분주한 발걸음을 내딛는 소리가 들려옵니다. 마치 새벽예배를 향하는 발걸음 소리를 듣는 것 같았습니다.

아침을 먹고 조사관들이 하루에 세 번씩 방에 들어와 심문하기 시작하면 어느덧 나는 그들의 덫에 걸린 죄수가 되었습니다. 세상의 모든 세력이 하나 되어 나를 파멸과 공포의 도가니로 몰고 가는데 마지막에는 죽음이 기다리는 것 같았습니다. 그때 저는 처음으로 "이러다 죽을 수도 있겠구나"라는 생각이 들었습니다.

그런데 놀라운 것은 이것입니다. 인생에서 사선을 넘나드는 절체절명의 위기 상황에서 제 안에 무슨 생각이 떠올랐을까요? 목회하면서 성공했던 흔적들은 떠오르지 않았습니다. 얼마나 큰 교회를 목회했고 얼마나 많은 사람을 전도했으며 얼마나 많은 선교 활동을 했는지는 떠오르지 않았습니다.

그때 내 마음에는 관계가 떠올랐습니다. 공식과도 같았습니다. 아침이면, 미국에 두고 온 아내와 딸이 끊임없이 생각 속에 떠올랐습니다. "내가 여기에서 살아 나가야 한다면 두고 온 가족들 때문이지. … 만약 내가 여기에서 죽어야 한다면 그 또한 가족들 때문이야"라는 생각이 들었습니다. 밤이면 신실하신 하나님이 떠올랐습니다. 하나님은 예수님을 통해 신실한 사랑을 보여주셨는데 과연 나는 주님께 신실했는가? 그러지 못했던 제 모습을 하나님께 회개하며 다시 한번 주님과의 신실한 관계를 회복하려는 제 모습을 보았습니다.

그러다가 밤이 깊어지면 사랑하는 가족을 하나님께 위탁하는 기도를 하였습니다. 앞으로 이 북한 땅에서 제 운명이 어떻게 될지 도무지 알 수 없는 상황에서 하나님 아버지께서 사랑하는 아내와 딸의 아버지가 되어 주십사 간구하게 되었습니다. 아울러 이 두 사람도 하나님 아버지와의 친밀한 관계 속에서 늘 마음의 평강을 누르게 해달라고 간구했습니다. 비록 저와 당분간 헤어져 있지만 하나님 아버지와의 관계 속에서 저들이 날마다 누리는 친밀한 교제로 저의 빈자리가 느껴지지 않게 해달라고 간구하였습니다.

그때 저는 알았습니다. 인생의 마지막에 남는 것은 결국 관계라는 것입니다. 평생 얼마나 많은 일을 하고 무엇을 이루었느냐는 업적이 아니었습니다. 얼마나 많은 것을 갖고 있느냐는 소유도 아니었습니다. 얼마나 영향력 있는 선교를 했느냐도 아니었습니다.

죽음이 엄습해 올 때 본능적으로 죽음을 이길 수 있는 생명을 붙들게 되더라는 것입니다. 그 생명은 결국 나와 예수님과의 관계였습니다. 나와 가족의 관계이자 나와 함께한 공동체 형제자매들과의 관계였습니다.

하나님께서 허락하신 공동체의 관계를 절대 소홀히 여기지 마십시오. 이 공동체 안에서 관계를 세우는 사람이 되길 바랍니다. 무엇보다 보이지는 않지만 우리 안에 살아계신 하나님과 친밀한 관계 속으로 들어가세요. 주님을 위해 무엇을 하려고 하지 마세요. 그냥 포도나무 되신 그분 안에 머무세요. 주님이 주시는 풍성한 사랑 안에 거하면 됩니다.

정체성이 분명하면 흔들리지 않는다

둘째, 관계는 우리 정체성의 근간을 이루기 때문입니다.

삶이 힘들수록 자신이 누구인지에 관한 뚜렷한 정체성을 지닌

사람은 잘 견딥니다. 그러므로 십자가 죽음 앞에 가장 가까이 다가
선 지금이야말로 존재의 근간을 붙들 때라고 하시며 제자들도 그렇
게 하라고 말씀하십니다.

하나님은 자신의 형상을 따라 인간을 창조하시며 분명히 남자
와 여자를 창조하셨다고 말씀합니다. 즉 하나님은 남자와 여자의 관
계를 창조하셨다는 것입니다. 그러므로 관계로 창조된 인간은 관계
속에 살아가는 존재로 지음받았습니다.

모든 형상에는 본체가 있습니다. 하나님 형상대로 지음받은 우
리가 관계로 살아가도록 지음받았다면 삼위 하나님 역시 관계로 존
재하셨음을 짐작할 수 있습니다. 삼위 하나님의 관계 속에서 나누어
진 그 사랑을 우리도 함께 나누라고 남자와 여자로 창조하셨고 더
나아가 공동체를 만드셨습니다. 그러므로 존재적으로 보면 관계는
하나님의 하나님 되심의 근간을 이룹니다. 그리고 하나님의 형상대
로 지음받은 인간 공동체의 근간이기도 합니다.

요한복음 고별 메시지를 통해 예수님은 자신의 하나님 되심의
근거를 하나님 아버지와의 관계를 통해 찾았다는 사실을 확인합니
다. 예수께서 하나님만이 하실 수 있는 이적을 보이셨을 때 유대인
들은 자주 이런 식으로 물었습니다. "무슨 권위로 이런 일을 하느냐
누가 이런 일 할 권위를 주었느냐"(막 11:28).

그때마다 예수님은 일관되게 대답하셨습니다. "내가 아버지
에게서 나와 세상에 왔고 다시 세상을 떠나 아버지께로 가노라"(요
16:28).

예수님은 자신의 정체성이 하나님 아버지와 자신의 관계에 근

거하고 있음을 확실히 하셨습니다. 그 관계 위에서만 할 일이 무엇인지 또 어떠한 길로 가야 할지를 아셨습니다. 그 사실을 알기에 예수님은 공생애 처음부터 자신에게 주어진 그 길을 마다하지 않으셨고 그 길에서 마땅히 이루어야 할 소명을 한 번도 잊지 않았습니다.

이제 유월절 전날 예수님은 자신에게 마지막 시간이 다가옴을 감지하십니다. 그때도 예수님은 존재의 근간이 되는 아버지와의 관계를 다시 한번 붙드시며 제자들에게 그 관계를 보라고 강조합니다.

"내가 아버지 안에 거하고 아버지는 내 안에 계신 것을 네가 믿지 아니하느냐 내가 너희에게 이르는 말은 스스로 하는 것이 아니라 아버지께서 내 안에 계셔서 그의 일을 하시는 것이라"(14:10). 이어지는 14장 11절에서 예수님은 제자들에게 "내가 아버지 안에 거하고 아버지께서 내 안에 계심을 믿으라"고 당부하십니다.

우리가 가치를 증명하지 않아도 되는 이유

예수님과 아버지의 관계는 하나님 안에만 존재하는 관계가 아니었습니다. 16절에서 예수님은 "내가 아버지께 구하겠으니 그가 또 다른 보혜사를 너희에게 주사 영원토록 너희와 함께 있게 하리니"라고 말씀합니다. 즉, 성령님을 통해 이제 제자들도 삼위 하나님의 관계 속으로 들어갈 수 있게 되었습니다. 이를 위해 예수님은 제사 공동체에 성령 하나님을 보내달라고 친히 간구하겠다고 하십니다.

이제 15장에서 예수님은 관계로 존재하시는 하나님 아버지와 예수님 자신 그리고 보혜사 성령님을 묘사하십니다. 포도나무 비유를 시작하면서 예수님은 자신과 농부 아버지의 관계를 말씀합니다. "나는 참포도나무요 내 아버지는 농부라 무릇 내게 붙어 있어 열매를 맺지 아니하는 가지는 아버지께서 그것을 제거해버리시고 무릇 열매를 맺는 가지는 더 열매를 맺게 하려 하여 그것을 깨끗하게 하시느니라"(1~2). 그리고 15장 마지막 부분에서 예수님은 비유 말씀을 끝내면서 자신과 보혜사의 관계를 말씀하십니다. "내가 아버지께로부터 너희에게 보낼 보혜사 곧 아버지께로부터 나오시는 진리의 성령이 오실 때에 그가 나를 증언하실 것이요 너희도 처음부터 나와 함께 있었으므로 증언하느니라"(26~27).

15장 구조를 보면 삼위일체 하나님의 관계가 포도나무의 비유를 감싸고 있음을 알 수 있습니다. 즉, 포도나무 되신 예수님과 가지 된 제자 공동체 관계를 말씀하시면서 그 관계를 감싸고 있는 더 큰 관계를 말씀하셨는데, 그것이 곧 삼위 하나님 안에서 자신이 누리고 계시는 하나님과의 관계입니다.

이렇게 되면 왜 관계가 공동체의 존재의 근간이 되는지 자명하지 않습니까? 우리 하나님은 세 인격체가 서로 의존하는 관계로 존재하시기 때문입니다. 예수 공동체의 존재성도 마찬가지입니다. 이 정체성의 근간에는 삼위 하나님의 관계성이 있습니다. 예수님과 아버지의 하나 된 관계에서 예수 공동체가 시작되었고 이제는 아버지께로부터 우리 가운데 오신 성령님을 통해 공동체도 예수님과 아버지께서 나누신 관계에 참여하게 되었기 때문입니다.

이것을 다 아시는 예수님은 이제 포도나무 비유를 통해 제자 공동체에 새로운 신분을 선포하십니다. "이제부터는 너희를 종이라 하지 아니하리니 종은 주인이 하는 것을 알지 못함이라 너희를 친구라 하였노니 내가 내 아버지께 들은 것을 다 너희에게 알게 하였음이라"(15:15).

우리는 더 이상 종이 아니라 예수님의 친구라고 말씀합니다. 그냥 친밀한 관계라는 의미 정도가 아닙니다. 아주 특별한 친구입니다. 예수님이 목숨을 내어주시기까지 사랑을 받은 특별한 친구라는 것입니다.

종은 하나를 얻으면 그다음 것을 얻기 위해 애쓰고 노력해야 합니다. 그래서 종은 주인과의 관계에서 다음 것을 얻으려고 늘 자기의 가치를 증명해야 한다는 강박 속에서 살아갑니다.

그러나 예수님의 친구로 부름받은 자들은 아버지의 가장 귀한 선물인 아들의 생명까지 받은 존재들입니다. 세상에 예수님의 생명보다 더 귀한 것은 없습니다. 주님의 생명을 받은 그들은 이제 하나님께 뭐라도 얻어내려고 애쓸 필요도 없고 또 하나님 앞에서 자기 존재를 증명하려고 노력할 필요도 없습니다. 이미 예수님의 친구로 부르심을 받을 때 그 관계에 하나님께 속한 자로서의 영광스런 신분이 그들에게 주어졌습니다.

무엇이 우리 정체성을 떠받치고 있습니까? 세상이 우리를 넘어뜨리려고 공격해 들어올 때 우리가 던져야 할 질문입니다. 우리를 부르신 분이 누구이며, 우리를 보내신 분이 누구인가를 분명히 해야 합니다. 나아가서 나를 부르신 그분과 또 그분과 맺은 관계는 대체 어떤 의미입니까? 바로 그 정체성을 제대로 인식할 때 우리는 과연 힘들고 어려운 상황에서 무엇을 해야 하는지, 어디로 가야 하는지를 발견할 수 있습니다.

산속에서 갱들을 만나다

언젠가 수양회를 인도하려고 차를 몰고 팔로마로 가던 중이었습니다. 산길을 올라가는데 갑자기 엔진 온도를 가리키는 바늘이 꼭대기까지 올라갔습니다. 내려서 후드를 열어보니 엔진 얼터네이터 벨트가 끊어져 있었습니다. 주위를 보니 휴대폰도 전화도 터지지 않는 깊은 산중이었습니다. 도시까지 돌아가려면 한 시간 이상 차를 타고 돌아가야 하는데 가다가는 엔진이 터질 것 같았습니다.

이제 두 시간 후면 설교를 해야 하는데 걱정이 되기 시작했습니다. 마침 지나가는 차 한 대를 멈추고 도움을 요청했더니 폐차장을 운영하는 한 기술자를 소개해주면서 가보라고 합니다. 가는 길이 내리막이니까 엔진에 무리 갈 염려는 없으니 무사히 갈 수 있을 거라는 말과 함께.

그래서 벨트가 끊어진 차를 몰고 그곳을 찾아갔는데, 순간 뭔가가 잘못되었다는 생각이 들기 시작했습니다. 주위는 무슨 서부영화에서 본 것처럼 황량했습니다. 게다가 바람이 불어 먼지가 날리는데 분위기가 너무도 음산했습니다. 제 차가 들어서자 사무실에서는 만취한 사람들이 나옵니다. 멀리서 봐도 키가 190센티미터는 되어 보였고 인상은 험악하기 그지없었습니다. 가까이서 보니 그들이 입은 자켓에는 "Hell's Angels"이라는 단어가 새겨져 있었습니다. 유명한 모토사이클 갱단의 이름인데 전부 그 옷을 입고 있었습니다. 알고 보니 그곳은 모토사이클 갱들의 아지트였던 것입니다.

온몸에 소름이 쫙 끼치면서 다리는 풀리고 목소리는 떨리기 시작했습니다. 떨리는 목소리로 사정을 이야기했습니다. "오늘 밤 저산꼭대기에서 컨퍼런스 인도를 해야 하는데 산중턱에서 자동차가고장 났습니다. 지나가는 어떤 인디언이 저보고 여기 가면 차를 고칠 수 있다고 해서 왔습니다. 도와주시면 감사하겠습니다." 그랬더니 그 사람이 술에 취한 꼬부라진 목소리로, "걱정마시오. 내가 고쳐주겠소" 그럽니다.

제가 그 이야기를 듣고 안심이 됐겠습니까? 두려움이 사라졌을까요? 물론 아닙니다. 더 두려웠습니다. 나에게 염려하지 말라고한 사람이 대체 누구입니까? 그는 술에 취해 자기 바지도 제대로 챙겨 입지 않은 히피족이었고 게다가 갱단 멤버였습니다.

결국 30분을 붙들고 있는데, 차를 고치기는커녕 더욱 망가뜨리는 것을 보았습니다. 밤은 어두워지기 시작합니다. 마음에 갈등이찾아왔습니다. 설교도 해야 하고 차도 고쳐야 하고…. 하지만 일단가장 중요한 것은 설교이니 여기에 차를 맡기고 산에 올라가기로마음먹었습니다. 엔진을 뽑아 팔든 타이어를 갈아 치우든 나중에 걱정하기로 하고 일단은 설교를 하러 가자고 결정했습니다. 용기를 내어 그중 제일 만만해보이는(?) 사람을 찍었습니다. 힌 여성에게 다가가 정중하게 부탁했습니다.

"Can you give me a ride? I am supposed to speak at a conference tonight."(실례지만, 차 좀 태워주시겠습니까? 오늘 밤에 한 모임에서 강의를 할 예정이라서요.)

그랬더니, 자기는 차가 없지만 남자 친구를 불러오겠다고 합니다. 전화를 걸고 약 30분이 지나 8기통차가 들어오는데 차의 엔진 소리하며 윈드실드에 비친 모습하며 대충 이 운전사가 어떤 사람인지 짐작할 수 있었습니다. 아니나 다를까, 운전수와 다른 한 친구가 내렸는데 TV에서만 보던 보스급 모터사이클 갱이 제 앞에 나타났습니다. 나에게 악수를 청하는데 그의 손이 내 팔목까지 완전히 감쌉니다. 그리고 인사를 건네는데 목소리에 담긴 카리스마가 장난이 아니었습니다. 그때 이스라엘 열 지파가 가나안 족속을 보며 자신은 메뚜기와 같다고 했던 말이 이해됐습니다.

그날 밤 저는 갱단 보스가 운전하는 차를 탔습니다. 앞에는 보스와 그 여자가 앉고, 뒤에는 정비소 주인인 술 취한 정비공과 그의 운전사 친구가 양쪽에 앉았고 저는 그 가운데 쪼그리고 앉았습니다. 아무 생각도 할 수가 없어 그저 눈을 감고 기도하기 시작했습니다. 기도하는데 저들의 주고받는 대화가 들립니다. 주제는 일반인이 나누는 평범한 내용이 아니었습니다. 이 지역에서 경찰들과 총싸움이 있었는데 어쨌고, 마약 거래가 있었는데 어떤 일이 벌어졌고, 주로 그런 살벌한 내용이었습니다.

그 이야기를 듣는데 제 심장 뛰는 소리가 들릴 정도였습니다. 발은 부들부들 떨렸습니다. 그런데 그때 앞에 앉은 여자 분이 저에게 묻는데, 그 질문으로 놀라운 반전이 일어났습니다.

"당신은 뭐 하는 분이세요? 누구시길래 이 밤에 저 산꼭대기를 올라갑니까?"

저에게 신분이 무엇이냐고, 저 산에는 무엇을 하려고 올라가느냐고 묻는 것이었습니다. 저는 대답했습니다.

"저는 복음의 말씀을 전하는 목사입니다. 100여 명의 대학생에게 하나님께서 나에게 맡겨주신 복음을 전하기 위해 지금 이 산에 올라갑니다."

그분은 나에게 정체성을 물었고, 나는 거기에 대답하면서 용기를 얻었습니다. 목사의 정체성은 어디에 있습니까? 부르신 분에게 있는 것입니다. 자신의 스펙이 중요하지 않습니다. 부르신 분이 누구인지가 중요합니다. 목사의 사역도 마찬가지입니다. 보내신 분에게 있습니다. 보내신 분이 누구인가가 중요합니다. 우리는 보내신 분의 뜻을 전하는 자들이기 때문입니다.

제 생각 속에서 나와 하나님과의 관계가 분명하게 정리되기 시작했습니다. 나를 부르신 분도 하나님이요, 또 나를 보내신 분도 하나님이라면 그다음 질문이 저절로 떠올랐습니다. 그렇다면 나는 무엇을 위해 부름을 받았으며 무엇을 위하여 보내심을 받았는가?

나는 말씀을 전하러 가고 있었습니다. 저 하늘과 땅의 모든 권세를 지니시고 그것을 내게 부여하신 복음을 배달하러 가는 중이었습니다. 이런 생각이 정리되니까 현재 내가 처한 환경이 두렵지 않았습니다. 속으로 이런 생각이 들었습니다. '산에 있는 대학생들만 복음이 필요한가? 이들에게도 복음이 필요하지 아니한가?' 그래서 저는 그 두목의 어깨에 손을 얹고 "Do you know Jesus?"라는 말로 복음을 전하기 시작했습니다.

복음의 능력은 얼마나 크던지요! 그렇게 험악하게 생긴 사람들이 순순히 복음을 경청하는 것이었습니다. 나중에는 앞에 앉은 그보스의 여자 친구가 그 복음을 믿고 싶다고 말합니다. 여자 친구가 믿으니 보스도 믿지 않았겠어요? 또한 보스가 믿으니 뒤에 앉은 조직 멤버들 역시 믿게 되었습니다.

말씀을 전하는 사이에 어느덧 차는 산에 도착했습니다. 저를 내려주고 그냥 돌아갈 줄 알았던 그들이 차에서 나오더니 제 가방을 대신 들어주고는 집회 장소까지 데려다줍니다. 생각해보세요. 100명의 대학생들이 저를 얼마나 기다렸겠어요? 그리고 저를 만났을 때 얼마나 반가웠을까요? 그런데 제 뒤에 4명의 모토사이클 갱들이 제 가방을 들어주고 있는 상황입니다. 조폭 두목이 들어오는 것처럼 보였을 테지요.

그날, 제가 어떤 말씀을 전하는지는 그리 중요하지 않았습니다. 제가 헛기침을 해도 아멘으로 화답하는 분위기였습니다. 정말 은혜로 충만한 수양회가 되었습니다.

3일간 수양회를 인도하고, 차를 가지러 다시 그 장소로 갔습니다. 하지만 은근히 걱정이 됐습니다. 두고 온 차 엔진을 이미 다 빼서 판 건 아닐까? 그래서 수양회에서 만난 허우대 좋은 대학생 3명을 데리고 그 장소로 갔습니다. 가보니 자동차를 다 고쳐놨습니다. 그리고 제가 50불을 건넸는데 받지도 않습니다. 자기가 서비스로 고쳐놓았으니 그냥 타고 가라고 합니다. 그리고 저를 보며 한 마디 던집니다.

"돈보다 더 좋은 것을 주어서 고맙다."

죽음이 엄습해오는 두려운 상황은 우리가 행동해야 할 때가 아닙니다. 포도나무 되신 예수님과 가지된 우리의 관계 속으로 더 깊이 들어가야 할 때입니다. 그리고 그 관계 속에서 나의 정체성을 새롭게 발견해야 할 때입니다.

～

우리 안에 생명의 통로를 뚫기 위해

그러면 우리는 어떻게 이 관계 속에 날마다, 매 순간 동참할 수 있을까요? 이 관계성을 오늘 여기에서 현재진행형으로 경험할 수 있을까요? 몇 가지를 나누고자 합니다.

첫째, 가지치기를 해야 합니다.

포도원 가꾸기에 관한 책을 보면 처음 3년이 상당히 중요하다고 말합니다. 나무와 나무 사이를 12피트 정도 떨어뜨려 심어야 하고 특별히 땅을 깨끗하게 유지하는 것도 매우 중요합니다. 그런데 가장 중요한 것은 처음 3년 동안은 포도열매를 '맺지 못하게' 철저하게 가지치기를 해야 한다는 것입니다. 너무 어린 나무가 일찍 열매를 맺으면 나뭇가지가 힘을 잃어버려서 정작 열매를 많이 맺어야하는 때 열매를 맺지 못합니다. 이러한 배경에서 나온 말씀이 바로 2절입니다. "나는 참포도나무요 내 아버지는 농부라 무릇 내게 붙어 있어 열매를 맺지 아니하는 가지는 아버지께서 그것을 제거해버리시고 무릇 열매를 맺는 가지는 더 열매를 맺게 하려 하여 그것을 깨끗하게 하시느니라"(1~2).

조금 가혹하게 들릴지 모릅니다. 그러나 이 말씀의 의미를 좀 더 묵상해보면 사랑의 메시지이지 심판의 메시지가 아닙니다. 열매 맺지 못하는 나무를 책망하고 나무라는 게 아니라 열매 맺는 나무를 향한 사랑의 연단에 관한 말씀이기 때문입니다.

요한복음에서 "가지를 친다"는 말은 생명을 살리는 사건에 긍정적으로 사용된 단어입니다. 요한복음 11장에는 주님께서 죽은 나사로를 살리시는 장면이 나옵니다. 그때 주님은 죽은 나사로를 삼킨 돌무덤을 바라보면서 "돌을 치우라"고 말씀하셨습니다. 여기에서 '치우라'에 사용된 동사와 15장에서 가지를 '치다'에 사용된 동사가 원어로는 동일한 단어입니다.

무덤을 막고 있는 돌을 치우라는 의미는 나사로의 무덤에 생명의 통로를 뚫기 위한 것입니다. 마찬가지로 열매 맺지 못하는 가지를 친다는 의미 또한 포도나무 전체에 하나님의 생명력을 불어넣기 위해서입니다. 열매 맺지 못하는 가지를 심판한다는 의미보다는 열매 맺는 가지에 더욱 생명을 더하기 위한 목적이 담겨 있습니다. 죽이기 위한 가지치기가 아닌 살리기 위한 가지치기입니다.

공동체도 하나의 생명체입니다. 그 자체가 포도나무와 같은 완전한 생명체입니다. 그러므로 살아 있는 공동체에서는 자연스럽게 생명의 역사가 나누어져야 합니다. 그런데 어떤 공동체를 보면 생명의 역사가 아니라 죽음의 현상이 더 많이 지배할 때가 있습니다. 우리는 이것을 어떻게 이해해야 할까요? 분명히 그 안에 생명의 통로가 막혀 있다고밖에 볼 수 없습니다. 공동체의 어떤 지체 혹은 시스템이 병들어 생명의 통로를 막고 있는 것입니다. 이러한 공동체에 농부되신 하나님이 가지치기를 하신다는 것입니다. 심판이 목적은 아닙니다. 생명의 통로를 뚫기 위함입니다.

각 개인도 그 자체가 하나의 완전한 생명체입니다. 그렇다면 당연히 그 안에 생명의 역사가 원활하게 유통되어야만 하는데 그렇지 못할 때가 많습니다. 개인의 잘못된 습관으로 생명의 통로가 막히기도 하고 속사람 안에 숨겨진 상처가 방해물이 되기도 합니다. 각 사람이 하나의 생명체로 건강한 신앙생활을 할 수 있도록 그 막힌 부분을 뚫어주시려 하나님께서 가지치기를 하시는 것입니다.

"너는 내 생명으로 살아가라"

저는 미주 사역에서 부끄러운 기록 하나를 갖고 있습니다. 미주에서 전도사 생활을 가장 오래한 사람 중에 하나가 접니다. 무려 13년을 전도사로 있다가 목사 안수를 받았습니다. 신학교를 그만큼 길게 다녔다는 뜻입니다. 공부를 못해서는 아니었습니다. 실은 당시에 목회자로의 부르심에 적지 않은 갈등이 있었습니다. 목회자가 아닌 다른 길을 가보려고 중간에 신학교를 몇 번 쉰 적도 있었습니다.

그러다가 결혼 10년 만에 우리 딸이 태어나면서 부르심에 확신을 갖게 되어 지금까지 이 길을 걸어왔습니다. 그만큼 딸이 태어난 사건은 저의 신앙 여정에 한 획을 긋는 사건이었습니다.

아내가 임신하기 전, 저는 영적으로 암흑기를 지나고 있었습니다. 사역은 바닥을 쳤고 집사람은 이름 모를 병에 걸려 매일 신음하고 있었으며, 저의 신학공부는 몇 년째 진전이 없었습니다. 그때 하나님께서 저를 찾아오셨습니다. 결혼한 지 9년 만에 아내가 임신을 하게 되었는데 의사 말로는 도저히 가능하지 않은 상황에서 임신이 되었다고 합니다. 당시 아내는 자기 몸도 가누지 못하는 상태였습니다. 약을 몇 가지 복용 중이었는데 그중에는 임신을 막는 약도 있었습니다. 그러다 보니 아내는 임신이 되었다고 좋아하는데 저는 그러지 못했습니다. 열 가지나 되는 약을 복용하던 상황이니 혹시 아이가 잘못되면 어쩌지 하는 생각에 마음이 더욱 불안했습니다. 설사 건강한 아이가 들어섰다 해도 앞으로 40주 동안 복용하던 약을 끊어야 하는데 과연 아내가 견딜 수 있을까 걱정만 쌓여 갔습니다.

하나님이 우리에게 기적적으로 생명을 주셨으니 기뻐하고 감격해야 마땅했지만 저는 실상 그러지 못했습니다. 오히려 매일 노심초사 불안해하고 걱정하면서 믿음 없이 9개월을 보냈습니다. 그렇게 걱정과 불안 속에서 시간을 보냈고, 영적으로 고갈된 상태에서 아내를 데리고 출산을 위해 병원에 갔던 것입니다.

병원에 들어섰을 때 아내가 워낙 병약한 상태였기에 산부인과 병동은 그야말로 초긴장 상태였습니다. 그런데 하나님은 그날 기적을 베풀어주셨습니다. 자기 몸도 가누지 못하던 사람이 자연분만으로 아주 건강한 딸을 낳은 것입니다. 처음부터 제왕절개 수술을 권했던 의사는 그렇게 약한 아내 몸에서 건강한 아이가 정상적으로 태어난 것을 보면서 잊을 수 없는 말을 했습니다.

"이건 의학 백과사전을 다시 써야 할 정도의 사건입니다. 생명에 관한 한 더 이상 불가능을 말하지 않겠습니다."

그러고는 그 아이를 저에게 안아보라고 건네줍니다. 그런데 이 상하게도 저는 아이를 곧바로 받을 수 없었습니다. 아내가 임신했던 수개월 동안 힘들었던 시간들이 영상처럼 뇌리를 스쳐 지나갔습니다. 하나님 앞에 그런 모습이 얼마나 부끄러웠던지 그런 마음으로는 새로 태어난 귀한 생명을 안을 수가 없었습니다. 너무나 부끄러워 화장실로 들어가 무릎을 꿇었는데 그때 회개 기도가 터져 나왔습니다. 속사람 깊은 곳에서부터 더러운 것들이 눈물과 함께 씻겨 나오는 것 같았습니다. 그날 저는 하나님 앞에 제 잘못을 일일이 자백하며 회개하며 기도했습니다. 나중에 들어보니 밖에서는 난리가 났다고 합니다. 사람들은 수군거리며 "이 좋은 날, 저 사람은 왜 저렇게 슬피 울지? 혹시 자기 딸이 아닌가?"라고 했을 정도였습니다.

회개 기도를 거의 마쳤을 때 성령님은 제 마음에 감동으로 말씀하시는 것 같았습니다.

"내가 너에게 준 생명이다. 너는 네 생명으로 살지 말고 내 생명으로 살아가라."

그날의 회개가 제 삶에 생명의 통로를 다시 뚫었습니다. 우리 가정에 생명의 통로를 다시 뚫었습니다. 농부이신 하나님은 아직도 제 삶에서 가지치기를 하고 계십니다.

2019년도에는 저희 가정에 한 가지 변화가 있었습니다. 15년 만에 이사를 하게 된 것입니다. 결혼생활 31년 동안 여덟 번 이사를 했는데 이번에는 좀 특별한 느낌이었습니다. 아내가 투병했던 20년 중 대부분을 그 집에서 보냈기 때문이 아닐까 생각합니다. 그 집에서 딸은 아픈 엄마를 가까이 지켜보며 예민했던 중고등학교 시절을 보냈고, 또 저는 그 집에서 일반 목회를 내려놓고 선교를 시작했습니다. 지금부터 6년 전, 한 의사의 도움으로 병명을 발견한 이후 가족이 회복되기 시작한 것도 모두 이 집에서 일어난 일이었습니다.

그런데 아내의 회복 이후에도 그 집을 들어갈 때마다 저는 왠지 병실에 들어간다는 느낌을 지울 수 없었습니다. 그 집 안에는 아내가 투병했던 흔적이 아직도 여기저기 남아 있었기 때문이었습니다. 응접실에는 아내가 사용했던 마사지 의자가 놓여 있었고 응접실을 지나 아내의 침실로 가면 병원용 침대가 놓여 있었습니다. 옷장 문을 열면 아내가 한방 치료를 받으며 사용했던 여러 재료들이 쌓여 있었습니다. 회복되기 시작한 지 6년이 지났지만 아직도 그 집은 일반 가정집보다는 병실의 모습과 가까운 게 사실이었습니다.

비단 집의 구조만 그런 게 아니었습니다. 가족들 마음의 집에도 과거 아팠던 흔적이 여전히 남아 있어서 은혜의 집이어야 하는 심령이 두려움의 집처럼 느껴지기도 했습니다. 하나님은 우리를 치유하셨지만, 병에 묶여 있었던 20년 세월의 흔적은 생명이 흘러가는 통로에 이끼처럼 남아 가족 관계에서 하나님 은혜와 사랑의 역사를 가로막았습니다.

이사하면서 아내가 사용했던 모든 의료기구를 버렸습니다. 새로 이사한 집에는 응접실에 마사지 의자가 아니라 소파를 놓았습니다. 침실에는 병실 침대를 치우고 일반 침대를 들여다놓았습니다. 옷장 속에는 한방 재료가 아닌 옷들을 가지런히 정리했습니다.

모든 가구와 일상용품이 제자리에 놓인 것을 보며 우리 가족은 처음으로 일상을 되찾은 느낌을 받았습니다. 병원이 아닌 집에 들어선다는 생각이 가져다주는 편안함이 있습니다. 침실에 들어가면 병실이 아닌 침실에 들어간다는 생각이 가져다주는 안정감을 만끽했습니다. 식탁에서 같이 저녁을 먹고 응접실에서 함께 대화를 하면 병자가 아닌 아내와 대화를 나누고 있다는 사실에서 오는 소소한 기쁨이 있었습니다.

그러므로 집만 이사한 게 아니었습니다. 저와 아내는 우리를 짓눌렀던 불안감, 미래에 대한 염려 등을 전부 쓰레기통에 버리고 두려움의 집에서 은혜의 집으로 이사했습니다. 주님이 주시는 평강과 기쁨, 감사가 넘치는 은혜의 집으로 이사했습니다.

이번 연말과 새해를 맞으면서 딸은 미 동부에서 잠시 집에 와서 머물다 돌아갔습니다. 그리고 동부로 다시 돌아가면서 공항에서 저를 안아주면서 의미심장한 말을 하나 남겼습니다. "아빠, 전에 집에 오면 빨리 뉴욕으로 돌아가고 싶었는데 이번에는 돌아가기 싫네요. 새로 이사한 집에 있는데 마음이 편안했어요."

오늘도 가지치기 하시는 농부이신 아버지 앞에서 저와 아내가 과거의 상처를 내려놓을 때 다시 한번 저희 가족 사이에 생명의 통로를 뚫어주셨습니다. 그랬기에 오랜만에 집에 온 딸도 그 생명의 흐름을 함께 경험하는 기쁨을 누린 것입니다.

하나님은 우리 안에서 일하실 생명의 통로를 뚫기 위해 오늘도 가지치기 하십니다. 그러한 하나님께 우리는 회개로 반응해야 합니다. 왜 가지치기가 이루어지지 않는가? 회개하지 않기 때문입니다. 회개하지 않기에 삶에서 생명의 통로를 가로막고 있는 것들이 잘려

나가지 않는 것입니다. 생명의 길을 만드는 일, 가지치기는 농부이신 하나님이 하시는 것입니다. 우리는 그분께 반응을 보여야 합니다. 하나님이 사랑의 매를 드실 때 회개하십시오. 걸어왔던 길을 돌아보며 돌이키세요. 그때 우리 삶에는 생명의 통로가 뚫립니다. 살리는 영이 역사하기 시작할 것입니다.

이제 예수님과 지속적인 교제를 경험하기 위해 필요한 두 번째로 갑시다.

예수의 생명으로 나를 채우는 길 1: 말씀 안에 거하기

둘째, 회개함으로 비워진 그 자리를 생명으로 채워야 합니다.

너희는 내가 일러준 말로 이미 깨끗하여졌으니 내 안에 거하라 나도 너희 안에 거하리라 가지가 포도나무에 붙어 있지 아니하면 스스로 열매를 맺을 수 없음 같이 너희도 내 안에 있지 아니하면 그러하리라 나는 포도나무요 너희는 가지라 그가 내 안에, 내가 그 안에 거하면 사람이 열매를 많이 맺나니 나를 떠나서는 너희가 아무 것도 할 수 없음이라 사람이 내 안에 거하지 아니하면 가지처럼 밖에 버려져 마르나니 사람들이 그것을 모아다가 불에 던져 사르느니라 너희가 내 안에 거하고 내 말이 너희 안에 거하면 무엇이든지 원하는 대로 구하라 그리하면 이루리라 너희가

열매를 많이 맺으면 내 아버지께서 영광을 받으실 것이요 너희
는 내 제자가 되리라(15:3~8).

포도나무 예수님과 가지된 제자들과의 관계를 표현하는 핵심
단어가 본문에 등장합니다. 바로 '거한다'입니다. 원어로는 '메노'라
는 단어인데, 반드시 두 사람 이상이 관계를 이루어 더불어 거할 때
사용됩니다. 이 맥락에서는 포도나무 예수님과 가지된 제자들, 나아
가 교회가 더불어 함께 살아가는 것을 의미합니다.

그렇다면 여기서 심각한 문제가 발생합니다. 예수님은 떠나가
고 계시지 않는데 어떻게 우리가 예수님과 더불어 살 수 있다는 말
입니까? 예수님을 믿으라면 문제가 없습니다. 이미 떠나셨지만 그
분을 믿는 것은 얼마든지 가능합니다. 예수님의 가르침을 따르라고
해도 별 문제가 없습니다. 그분은 안 계시지만 그분의 가르침이 있
기에 그에 따라 살면 되기 때문입니다.

다른 종교에서는 얼마든지 가능한 생각입니다. 그러나 우리의
신앙생활은 그저 교리를 믿고 도덕적인 가르침을 따르는 종교 생활
이 아니지 않습니까? 살아계신 예수님과 함께 더불어 살아야만 하
는 삶입니다. 어떻게 이미 떠나신 그분과 함께 거할 수 있습니까?
어떻게 그분과 함께 더불어 살 수 있습니까? 두 가지입니다.

먼저는, 말씀 안에 거하는 것이 예수님 안에 거하는 것입니다.

4절과 7절을 주목하십시오. "내 안에 거하라 나도 너희 안에
거하리라…"(4). "너희가 내 안에 거하고 내 말이 너희 안에 거하

면…"(7). 이 두 구절이 병행 사용되고 있음을 보십시오. 즉, 주님이 우리 안에 거하는 것과 주님의 말씀이 우리 안에 거하는 것이 다르지 않음을 예수님은 강조하십니다.

열두 사도는 예수님과 함께 살았기 때문에 예수님 안에 거했습니다. 예수님 안에 거한 제자들은 그분 안에서, 그분의 말씀을 듣고, 그 말씀을 남겼습니다. 그 이후 세대는 예수님을 직접 뵐 수는 없지만 열두 사도가 남겨준 예수님의 말씀만 가지고 있었습니다. 그러므로 말씀이 우리 안에 거한다면, 곧 예수님이 우리 안에 거하는 것과 다를 바가 없습니다. 우리가 예수님의 말씀 안에 거하면 곧 예수님 안에 있게 됩니다.

그렇다면 우리는 제자들이 남겨준 이 하나님의 말씀에 어떻게 접근해야 마땅할까요? 말씀을 어떻게 읽고 묵상하고 순종해야 할까요? 이 부분은 예수님과 우리의 관계를 결정짓는 아주 중요한 사안입니다.

우리는 성경을 읽으면서 글자만 읽으면 안 됩니다. 성경을 통해 예수님의 마음을 느끼고, 그분의 성품을 읽어내고, 그분의 존재를 온몸으로 경험해야 합니다. 이러한 '말씀 안에 거하는 경험'을 통해 '예수님이 우리 안에 거하는 경험'이 무엇인지를 깨닫습니다.

저는 아내에게 편지를 자주 쓰는 편이었습니다. 제가 열 번 정도 쓰면 가끔 한 번씩 답장을 받곤 했습니다. 아내에게 처음으로 편지를 받았을 때가 기억납니다. 열 편 정도의 편지를 정성스럽게 써서 보냈는데 열 번 만에 드디어 답장을 받았습니다. 그것도 한두 장이 아니고 무려 열 장 가까운 내용을 적어 보냈습니다. 제가 얼마나 기뻤을까요. 그 편지를 들고 방에 가서 줄을 쳐가며 읽었습니다. 그 편지를 읽으며 저는 글자만 읽지 않았습니다. 글 속에 있는 아내를 읽었습니다. 아내의 생각을 읽었고 마음을 읽었고 아내의 꿈과 바람을 읽었습니다. 그렇게 편지 속 아내를 읽다보니 나중에는 그 편지를 통해 아내가 내 마음을 읽고 있었고 결국은 나를 읽고 있었다는 사실을 발견했습니다. 그러면서 아내의 편지를 통해, 편지를 읽는 나와 편지를 쓴 아내가 자연스럽게 교제함을 보았습니다.

하나님 말씀은 하나님께서 우리에게 보내신 사랑의 편지입니다. 그 편지를 읽으며 글자만 보면 안 됩니다. 그 편지를 쓰신 하나님 아버지의 생각을 읽고 마음을 읽어야 합니다. 나아가 편지를 쓰신 그분의 꿈과 바람을 읽어야만 합니다. 세상에 수많은 책들이 있지만, 나를 읽는 책은 한 권밖에 없습니다. 성경 안에서 숨을 쉬고 계신 예수님을 발견해야만 그분과 만나는 교제를 경험합니다.

그런데 이게 연애편지를 읽을 때는 잘 되는데 성경을 읽을 때는 어렵습니다. 저 역시 성경을 읽으면서 성경 글자만 읽고 지식만 얻으려 한 적이 있었습니다. 대학 시절에는 누구보다 성경을 열심히 읽고 공부했습니다. 친구들이 전공을 물어보면 저는 서슴없이 "성경 공부"라고 대답할 정도였습니다.

저는 17살 때부터 큐티를 했습니다. 날마다 아침이면 큐티를 하고 묵상 내용을 노트에 적는 것이 큰 기쁨이었습니다. 또 성경 암송을 좋아해서 로마서 8장까지 영어로 암송하여 일주일에 한 번씩 미국 친구들에게 전도하기도 했습니다. 성경을 더 깊이 보고 싶어 하루에 2~3시간 이상 열심히 성경을 연구했습니다. 성경이 좋아서 성경과 데이트를 하느라 자매들과는 데이트 한 번 하지 않았습니다. 교회 대학부에서는 바리새인이라는 비난을 받기도 했는데 저는 오히려 의를 위한 핍박이라고 여겼습니다.

그러다 27살에 지금의 아내를 만나 제 인생 처음으로 데이트를 하게 됩니다. 프로포즈할 때에도 제가 큐티한 노트를 다 건네며 "이 안에 내가 있으니 이것을 읽어보고 나를 선택하세요. 이미 내 마음은 당신으로 정해졌습니다." 제가 결혼할 수 있었던 것은 바로 그 큐티노트 덕분이라고도 할 수 있습니다. 그 정도로 큐티는 제게 중요했습니다. 내 인생에서 생명과도 같은 것이었습니다.

그런데 그랬던 제가 어느 날 갑자기 큐티를 하기 싫어졌습니다. 아내가 병에 걸린 후 오랜 투병생활로 들어가면서 큐티를 통해 말씀을 묵상하는 것이 이상하게 힘이 되질 못했습니다. 가령, 큐티 시간에 말씀을 읽고 찔림받고 마음으로 결심합니다. "오늘도 아내를 도와야 되는데… 아픈 아내를 잘 섬겨서 승리하게 해주세요." 그런데 막상 하루를 지나고 보면 실패하고, 다시 원점으로 돌아가 주저앉아 "하나님 오늘도 실패했습니다"라는 기도를 매일 저녁 반복하는 삶이 이어졌습니다. 이런 삶이 6개월, 1년이 되면서 큐티에 대해 깊은 회의에 빠졌습니다.

그렇게 하루하루 지탱하는 게 너무 힘들어 하나님과 단판을 짓겠다고 성경 하나 들고 금식 기도원에 들어갔습니다. 매일 기도하고 말씀을 보는데 금식기도를 작정한 마지막 날 밤이 될 때까지 어떠한 감동도 일어나지 않았습니다.

그런데 마지막 밤에 하나님께서 드디어 저를 만져주셨습니다.

그날따라 남가주에서는 한 번도 경험해보지 못한 장대비가 내렸습니다. 얼마나 비가 많이 오던지 근처 숙소조차도 걸어갈 수 없었습니다. 아마 그날 비가 오지 않았다면 저는 다 때려치우고 하산했을 것입니다. 그런데 하나님이 그날 장대비를 주셔서 저를 그 기도원에 밤이 맞도록 머물게 하셨습니다.

그날 하나님은 저에게 세미한 음성으로 찾아오셨습니다. 이렇게 말씀하시는 것 같았습니다.

"네가 지난 12년 동안 내 말을 사모하여 읽고 묵상하고 암송한 것을 안다. 네가 그렇게 말씀에 목말랐던 것을 내가 기억하노라. 그런데 … 과연 너는 말씀에 목말랐던 만큼 나에게도 목이 말랐었니? 오늘 밤이 맞도록 기도하면서 너는 지금 말씀에 목마르냐 아니면 나에게 목마르냐?"

그날 밤 저는 제 문제가 무엇이었는지를 뚜렷하게 볼 수 있었습니다. 그동안 하나님의 말씀에는 목말랐는데 말씀하신 분에 대한 목마름은 없었던 것입니다.

오늘 우리는 다 말씀에 목마르다고 이야기합니다. 그래서 많은 성도가 좋은 설교 찾아 이 교회 저 교회를 전전긍긍합니다. 그러나 아무리 좋은 설교라도 3년 이상 듣고 나면 구태의연하게 들리기 시작할 때가 있습니다. 말씀에 능력이 없어서가 아닙니다. 말씀을 듣는 우리가 말씀하시는 하나님을 보려 하지 않기 때문입니다. 우리가 속고 있는 것입니다. 우리는 말씀에 목말랐던 게 아니라 사실은 하나님의 임재에 목말랐던 것입니다. 말씀이라는 표지판을 보며 그것이 보여주는 방향으로 가서 말씀하시는 분의 가슴에 푹 안겨야 하는데 그렇게 하지 못했던 것입니다.

홍수가 났는데 물고기가 목말라 죽었다는 이야기 들어보셨나요? 말씀의 홍수라고들 하는데 말씀에 목이 마르다고 합니다. 말도 안 되는 것 같지만 사실입니다. 오늘 우리 현실이 그렇습니다. 또 다른 말씀의 강단, 새로운 강해설교가 필요한 게 아닙니다. 말씀의 표지판을 통해, 그 표지가 보여주는 아버지를 만나야 합니다. 그분의 가슴을 느껴야 합니다. 그 가슴 속에 담긴 심장소리도 들어보고 그분의 호흡도 느껴야만 합니다.

바로 그 자리에서 기적이 일어납니다. 말씀하신 분과 그분의 말씀이 일치될 때 우리 삶에 기적이 일어납니다. 그것이 "너희가 내 안에 거하고 내 말이 너희 안에 거하면 무엇이든지 원하는 대로 구하라 그리하면 이루리라"(15:7)는 말씀의 의미입니다. 우리가 말씀 안에 거하면 주님의 원함과 나의 원함이 일치하는 때가 올 것입니다. 그때 우리는 기도하는 것마다 응답받는 기적을 경험합니다.

우리는 여러 가지를 구하지만 기도 응답을 잘 받지 못합니다. 왜 그럴까요? 세상에 살면서 우리의 원함이 왜곡되고 삐뚤어져 있기 때문입니다. 그 원함 속에 이생의 자랑, 육신의 정욕, 안목의 정욕이 섞여 있기 때문입니다.

그래서 주님은 기도 응답에 조건을 다셨습니다. 우리가 주님 안에 거하고 말씀이 우리 안에 거하면 무엇이든지 원하는 대로 구하라고 하십니다. 즉 자기 원을 구하기 전에, 말씀을 통해 나의 원이 하나님의 원으로 바뀌어야 한다는 것입니다. 우리의 원함의 그분의 원함으로 바뀔 때 비로소 우리가 원하는 모든 간구가 응답되는 기적을 경험합니다. 주님의 말씀과 말씀하신 주님이 내 안에서 일치되고, 만날 때 그런 놀라운 일이 벌어집니다.

예수의 생명으로 나를 채우는 길 2: 사랑 안에 거하기

다음으로, 사랑 가운데 거해야 합니다.

사랑 가운데 거함으로 하나님의 사랑을 몸소 살아내신 예수님과 관계를 맺습니다. "아버지께서 나를 사랑하신 것같이 나도 너희를 사랑하였으니 나의 사랑 안에 거하라 내가 아버지의 계명을 지켜 그의 사랑 안에 거하는 것같이 너희도 내 계명을 지키면 내 사랑 안에 거하리라"(15:9~10).

본문에서 예수님이 말씀하신 "내 계명"은 다름 아닌 새 계명입니다. 새 계명은 예수님께서 지난 3년간 가르치셨고 몸소 보여주셨던 모든 말씀의 중심에 있는 계명이었습니다. 그 계명은 예수님께서 사랑하신 것처럼 서로 사랑하는 것입니다. 예수님이 떠나신 이후에도 늘 제자들이 가슴에 간직하고 평생 지켜야 할 중요한 계명이었던 것입니다.

그런데 이렇게 중요한 계명을 들은 제자들은 거의 '멘붕'에 빠집니다. 예수님께서 이 계명을 반드시 지켜야 하는 명령형으로 주셨기 때문입니다. 아니, 그냥 자기 힘으로 사랑하는 것도 힘든데 어떻게 예수님이 사랑하신 것처럼 사랑한단 말입니까?

주님이 사랑하신 그 사랑은 어떠한 사랑입니까? 우리를 위해

골고다에서 자기 목숨을 내어주기까지 한 사랑입니다. 골고다는커녕 겟세마네 동산도 따라가지 못한 실패자들인데 어떻게 자기 목숨을 십자가에 내어주기까지 사랑할 수 있다는 말입니까?

그런데 15장에서 포도나무 비유를 통해 새 계명을 설명하시면서 예수님은 새 계명에 대한 새로운 패러다임을 제시하십니다. 9~12절에서 예수님은 새 계명이 예수님과 하나님께서 나누신 사랑 안으로 들어가는 통로라는 사실을 새롭게 보여주십니다. 새 계명은 우리가 순종해야 할 명령이기는 하나 또한 하나님 안에 있는 사랑과 공동체의 관계를 연결하는 고리임을 제시하십니다.

그러므로 앞장에서 "서로 사랑하라"고 하신 예수님은 15장에서 "내 사랑 안에 거하라"고 말씀하십니다. "거한다"는 두 사람을 연결해 관계를 맺게 하는 데 사용되는 동사입니다. 그러니까 "내 사랑 안에 거한다"라는 의미는 결국 제자들의 사랑을 통해 예수님과 사랑으로 연결되는 새로운 관계가 형성된다는 것입니다.

그동안 우리가 "서로 사랑하라"는 말씀을 지나치게 명령형으로 이해하지 않았나 생각해봅니다. 이 말씀을 명령으로만 받아들이다 보니 우리 안에서만 사랑을 주고받다 그쳤던 경험이 많았습니다. 그렇게 우리끼리만 주고받는 사랑의 관계 안에서 사랑한다는 명분으로 다른 사람의 사랑 자원을 빼앗아 내 안에 부족한 사랑을 채우려다 보니 사랑 결핍증 환자만 늘어나는 공동체로 전락한 것 같습니다.

여기서 주님은 사랑의 새 패러다임을 제시하십니다. 사랑하는 행위를 통해 서로 사랑을 주고받는 관계를 초월하여 하나님과 예수님이 나누신 무한한 사랑의 관계 속으로 들어갈 길이 열려 있다고 하십니다. 이런 사랑은 나누고 또 나누어도 그 원천이 아버지와 아들의 무한한 사랑에 연결되어 있기에 결핍을 느끼지 않습니다. 결핍을 느끼지 않기에 사랑한다는 명분으로 남의 사랑을 빼앗는 일은 결단코 일어나지 않습니다.

관계의 신비주의자

어느 날 사랑이라는 문제를 곰곰이 생각하다가 이렇게 자문한 적이 있습니다.

"나는 누군가를 진정으로 사랑해본 적이 있는가?"

내가 아는 대로라면 누군가를 진정 사랑했다면 하나님 아버지와 예수님이 나눈 그 사랑을 경험했어야만 합니다. 예수님은 "아버지께서 나를 사랑하신 것같이 나도 너희를 사랑하였으니 나의 사랑 안에 거하라 내가 아버지의 계명을 지켜 그의 사랑 안에 거하는 것같이 너희도 내 계명을 지키면 내 사랑 안에 거하리라"(요 15:9~10) 하고 말씀하셨기 때문입니다. 즉, 우리가 서로 사랑하라는 계명을 지키면 그것은 예수님 안에 거하는 것으로 나타나는데, 그 예수님은 아버지 안에 거하시기 때문에 결국 예수님 안에 거한다 함은 예수님과 아버지의 사랑의 관계에 거하는 것이기 때문입니다.

나는 사랑한다 했지만 아버지와 예수님이 나누신 그 사랑까지는 경험하지 못했음을 알았습니다. 성부와 성자께서 나누신 사랑이

늘 궁금했고 열심히 그 사랑을 찾으려고 애쓴 것은 사실입니다.

교회에 사표를 내고 선교를 시작하면서 24년 동안 정리한 설교집을 다 버린 적이 있습니다. 선교지에서 새로운 사역을 시작하면서 '새로운 영감'으로 하고 싶어서였습니다. 무작정 버리기는 아까워서 버리기 전에 그동안 했던 설교를 꼼꼼히 다 읽어보았습니다. 그러면서 24년간 내 삶과 목회의 주제가 무엇이었는지를 알게 되었습니다. 그것은 "관계로 존재하시는 삼위일체 하나님"이었습니다.

저는 아버지와 아들께서 나누신 사랑을 깨달으려면 열심히 삼위일체 하나님을 공부해야 한다고 착각했습니다. 그래서 신학대학원을 마치고 삼위일체 신학을 연구하고 싶어 풀러신학교 조직신학 박사과정에 들어갔고 열심히 이 분야를 연구하기 시작했습니다. 그러나 삼위일체 신학을 연구하면 할수록 이상하게도 삼위일체 하나님은 더욱 모호해지는 것 같았습니다.

어느 날 박사 과정 담당이셨던 지도 교수가 세미나를 인도했는데 그 주제가 하나님 안의 관계성, 즉 삼위일체 하나님에 관한 것이어서 수강을 했습니다. 그 세미나에서 읽어야 할 논문 중 하나가 담당 교수가 저술한 논문이었는데 "요한복음에 나타난 삼위 하나님의 언어"라는 제목이었습니다. 아무래도 담당 교수가 직접 썼으니 모르는 게 있으면 물어볼 수 있겠다 생각하고 그 논문을 열심히 공부했습니다. 모르는 게 나오면 줄을 쳐놓고 나중에 저자에게 물어보기로 했습니다.

어느 날 교수를 찾아가서 제가 줄 친 부분을 질문했더니 교수님은 질문하는 저를 빤히 쳐다보시며 미소를 띠우며 말씀하셨습니다. "칼 발트의 책을 읽고 어느 기자가 질문을 했더니 그가 뭐라 대답한 줄 아는가? '나도 모르는 내용을 써놓은 것입니다'라고 했다네…." 저는 그분의 대답이 어떤 의미인지 알아차렸습니다. 삼위일체는 신비이기 때문에 그 내용을 읽고 독자가 이해한다면 그것은 삼위일체가 아니라고 하신 듯했습니다. 즉, 자신이 저술한 내용을 말로는 설명을 못하겠다고 하신 것이라고 받아들였습니다.

저는 그 과목을 마지막으로 박사 학위를 포기하고 목회에 뛰어들었습니다. 모교회에 교역자로 있을 때 담임목사님은 제게 수요 강의를 해보라고 하셨습니다. 그때는 전도사 시절이었지만 교회에서 요한복음 강의를 하게 되었습니다.

요한복음을 선택한 이유는 삼위일체 하나님의 신비를 조금이나마 풀어보고 싶어서였습니다. 다른 사도와 함께 예수님을 따라다녔고 다른 사도보다 오래 살면서 성령 시대를 가장 늦게까지 경험했던 사도 요한이었습니다. 그러므로 그는 아버지와 예수님을 잘 알고 있었을 뿐 아니라 누구보다 성령님을 깊이 알고 경험했으리라 생각했습니다.

요한복음 1장 18절을 읽으며 저는 삼위일체를 새롭게 이해하기 시작했습니다. 신학적 연구 속에서는 숨어계셨던 삼위일체 하나님이 묵상 속에서 서서히 자신을 보여주시는 듯했습니다. "본래 하나님을 본 사람이 없으되 아버지 품속에 있는 독생하신 하나님이 나타내셨느니라."

예수님은 아버지 품속, 아버지의 가슴 속에 계셨던 분이라고 요한은 말합니다. 아버지의 가슴 속에서 아버지의 모든 것을 다 경험하고 우리에게 와서 아버지의 가슴을 활짝 열어주신 분이었다고 선언합니다. 즉 예수님은 아버지와 가슴을 공유하신 분이었다는 것입니다. 하나님은 자신의 가슴을 예수님께 담아주셨고 예수님은 우리에게 와서 아버지의 가슴을 활짝 열어주셨다는 것입니다. 그러므로 이제 누구든지 예수님을 보면 아버지의 가슴을 경험하게 됩니다.

요한복음 1장 18절을 깨닫고 나니 이제 예수님 한 분 또 아버지 한 분에 대해서만 아니라 예수님과 아버지의 관계를 알고 싶은 열망이 일어나기 시작했습니다. 그러다가 예수님의 고별 메시지를 통해 드디어 그 관계에 들어갈 수 있는 길을 찾았습니다. 그동안 연구와 탐구를 통해 삼위일체 하나님을 알려고 노력했지만, 삼위일체는 그렇게 연구와 탐구로 깨달아지는 영역이 아니라 우리가 나눈 진정한 사랑으로 경험된다는 사실을 알게 되었습니다.

삼위 하나님에 대한 새로운 접근은 제 삶의 모든 것을 바꾸어 놓았습니다. 우리 가정에 허락하신 새로운 목적도 발견했습니다. 우리가 함께 한 가족으로 사는 것은 우리 안에서 나눈 사랑을 통해 삼위 하나님의 사랑의 관계를 경험하라고 주신 축복의 통로임을 알게 된 것입니다. 또한 공동체에 목회자로 불러주신 이유는 사랑 공동체의 관계를 통해 삼위 하나님의 사랑을 우리 가운데 나누고 또 삼위 하나님을 알고 싶어 하는 세상에 보여주기 위함임을 알게 되었습니다. 늦은 나이에 저를 선교사로 불러주신 궁극적인 목적 또한 선교지에 새 계명으로 살아가는 공동체를 세워 우리가 나눈 사랑으로 하나님과 예수님이 나누신 그 사랑을 현지인이 보고 경험하여 그들 또한 그 사랑의 관계 속으로 들어오게 하기 위함이었습니다.

새 계명을 통해 온전한 하나님 사랑을 경험하는 삶을 살아가면서 저는 "관계의 신비주의자"라는 새 별명을 얻었습니다. 부족하지만 오늘도 관계라고 하는 연결고리를 거치면서 아버지와 아들이 나눈 사랑이 제 안에만 아니라 저를 통해 공동체에 흘러가고, 공동체 밖의 이웃에게 흘러가고 있으며 지금은 이 세계에 남은 여러 분쟁 지역으로 흘러가고 있음을 보며 저를 "관계의 신비주의자"로 불러 주신 하나님께 감사할 따름입니다.

종말의 기쁨을 미리 앞당겨 경험하기

그렇다면 요한복음 15장 앞 부분에서 언급된 열매가 무엇을 의미하는지 자세히 살펴보기로 하겠습니다.

첫째, 기쁨의 열매.

> 내가 아버지의 계명을 지켜 그의 사랑 안에 거하는 것같이 너희도 내 계명을 지키면 내 사랑 안에 거하리라 내가 이것을 너희에게 이름은 내 기쁨이 너희 안에 있어 너희 기쁨을 충만하게 하려 함이라(15:10~11).

앞에서 언급했듯, 지금 예수님은 종말적 상황에서 말씀하십니다. 이제 예수님은 십자가에 달려 죽어야 합니다. 이 일로 제자들은

두려움에 떨고 있습니다. 무엇보다 내일 어떻게 될지도 모른다는 불
안감에 그들은 마음의 중심을 잡지 못하고 있습니다. 이런 상황에서
어떻게 기뻐할 수 있겠습니까? 이 본문은 요한복음 16장 말씀과 함
께 읽어야 그 의미를 확실히 깨달을 수 있습니다.

내가 진실로 진실로 너희에게 이르노니 너희는 곡하고 애통하겠
으나 세상은 기뻐하리라 너희는 근심하겠으나 너희 근심이 도리
어 기쁨이 되리라 여자가 해산하게 되면 그 때가 이르렀으므로
근심하나 아기를 낳으면 세상에 사람 난 기쁨으로 말미암아 그
고통을 다시 기억하지 아니하느니라 지금은 너희가 근심하나 내
가 다시 너희를 보리니 너희 마음이 기쁠 것이요 너희 기쁨을 빼
앗을 자가 없으리라(16:20~22).

예수님은 자신이 십자가에 죽고 부활한 후 성령께서 임하실 텐
데, 그때에는 그들 안에도 예수님의 기쁨이 넘쳐날 것이라 말씀합니
다. 제자들이 경험할 기쁨은 해산의 수고 후에 경험하는 산모의 기
쁨과도 같다고 하십니다. 아기가 태어날 때 산모의 고통은 이루 말
할 수 없습니다. 그럼에도 산모가 고통을 견디는 이유는 잠시 후에
새 생명이 태어난다는 소망이 있기 때문입니다.

그런 의미에서 예수님께서 말씀하신 "내 기쁨"은 종말적 기쁨
입니다. 예수님이 부활을 바라보며 품었던 그 기쁨입니다. 예수님은
동일한 종말의 기쁨을 제자들에게도 약속하십니다. 제자들도 앞으
로 예수님께서 당하신 핍박을 당하게 됩니다. 그러나 제자들도 예수

님처럼 부활의 생명이 도래하는 그날을 꿈꾸며, 종말의 기쁨을 미리 앞당겨 경험하게 될 것입니다.

아내가 딸을 임신했을 때 저는 신실하지 못했지만 아내는 저와는 다르게 늘 신실했습니다. 그때 저는 생명을 품고 생명의 탄생을 꿈꾸는 엄마의 남다른 힘을 보았습니다. 아내가 임신했을 때 산부인과 의사는 아내에게 이렇게 말했습니다. "지금 산모의 건강상태로는 아이를 출산할 수 없는 상황입니다. 아기를 지우라는 이야기는 못하겠지만, 잘 생각해보세요."

의사 입장에서 보면 아주 당연한 걱정이었습니다. '자기 몸도 제대로 가누지 못하는 상태에서 저 생명이 보존될 수 있을까? … 약을 계속 복용해야 하는데 그러면 태중 아이가 과연 정상적으로 자랄 수 있을까? … 약을 끊으면 임신 중에 혹은 출산하면서 산모마저 어떻게 되는 것은 아닌가?'

하지만 아내는 결심합니다. 하나님이 주신 생명이니 어찌하든지 그 생명을 보존해야겠다는 마음을 다집니다. 그리고 그때까지 복용하던 10가지 약을 다 끊습니다. 자기 몸도 제대로 가누지 못할 정도로 몸이 아팠지만 태중의 아이를 위해 억지로라도 밥을 뜹니다. 힘들어 하는 모습이 역력했습니다.

그런데 아내는 날마다 아침이면 두 눈을 감고 무엇인가를 바라봅니다. 바로 태중의 아이가 건강하게 자라 세상에 태어나는 모습을 마음으로 바라보고 있었던 것입니다. 그날에 태어날 생명이 품에 안겨 미소를 지을 그 모습을 그리며 아내는 감사할 수 없는 상황에서 감사를 선포합니다. 기뻐할 수 없는 상황에서 회심의 미소를 짓습니다. 그리고 그 종말의 기쁨을 가슴에 간직한 채 한 날을 버티어냅니다.

그렇게 40주 동안 한 생명의 탄생을 바라며 기도한 대로 아내는 생명이 태어나는 기쁨을 얻었습니다. 그때 딸을 낳기 위해 병원에 들어갔을 때 아내의 몸무게는 불과 38킬로그램이었습니다.

아내는 그때를 회상하며 담담히 이야기합니다. 임신할 수 없는 상황에서 임신이 되었을 때 태중의 생명이 태어나는 감격스런 장면을 하루라도 그려보지 않았다면 버티지 못했을 것이라고. 매 순간마다 성령님께서 태중의 생명이 건강하게 태어날 장면을 미리 당겨 보여주셨기에 인내할 수 있었고 기뻐할 수 있었다고 이야기합니다.

예수님께서 허락하시는 열매는 바로 그러한 종말의 기쁨입니다. 생명을 품은 산모가 언젠가는 세상에 태어날 그 기쁨의 순간을 바라보며 고통의 순간을 버텨내는 종말의 기쁨인 것입니다.

둘째, 사랑의 열매.

> 내 계명은 곧 내가 너희를 사랑한 것같이 너희도 서로 사랑하라
> 하는 이것이니라 사람이 친구를 위하여 자기 목숨을 버리면 이
> 보다 더 큰 사랑이 없나니 너희는 내가 명하는 대로 행하면 곧 나
> 의 친구라(15:12~14).

13절에서 예수님은 누군가가 자기 친구를 위해 목숨을 버리면 이보다 더 큰 사랑이 없다고 하셨습니다. 문맥상으로 보면 조금 난

데없이 튀어나온 말씀이란 생각이 듭니다. 포도나무 비유를 통해 예수님과 제자들의 관계를 말씀하시던 주님께서 갑자기 사랑에 대한 어떤 보편적 진리를 가르치시는 것처럼 보입니다. 그러나 이어지는 말씀을 보면 이 사랑의 가르침 역시 포도나무의 주제인 예수님과 제자들 혹은 예수님과 교회의 '관계'라는 맥락에서 말씀하신다는 사실을 짐작할 수 있습니다.

> 이제부터는 너희를 종이라 하지 아니하리니 종은 주인이 하는 것을 알지 못함이라 너희를 친구라 하였노니 내가 내 아버지께 들은 것을 다 너희에게 알게 하였음이라 너희가 나를 택한 것이 아니요 내가 너희를 택하여 세웠나니 이는 너희로 가서 열매를 맺게 하고 또 너희 열매가 항상 있게 하여 내 이름으로 아버지께 무엇을 구하든지 다 받게 하려 함이라 내가 이것을 너희에게 명함은 너희로 서로 사랑하게 하려 함이라(15:15~17).

예수님은 이제 비로소 제자들을 친구로 부르시며 주께서 친히 그들을 위해 목숨까지 바치는 위대한 사랑을 하실 것을 드러냅니다. 그리고 이제 제자들은 그 사랑을 받는 사랑의 수혜자라고 하십니다. 그래서 주님은 '친구'라는 단어로 '필로스'를 사용했습니다. 앞서 자기 목숨을 버리는 그 사랑(필레오)을 받은 자라는 뜻입니다.

예수님께서 '필레오'라는 헬라어를 사용했지만 그 필레오 사랑은 앞으로 십자가상에서 온전히 나타날 아가페 사랑과 같습니다. 요한복음에서는 아가페와 필레오를 하나님 사랑과 형제 사랑을 말하며 구별 없이 사용했기 때문입니다. 새 계명인 "내가 너희를 사랑한 것처럼 서로 사랑하라"는 말씀이 무슨 의민지 확연히 드러나는 대목입니다.

앞서 9~10절을 보면 제자들이 서로 사랑하면 그 행위로 예수님의 사랑에 거하게 된다고 말씀드렸습니다. 제자들이 서로 사랑하는 것은 하나님 아버지와 예수님께서 나누신 그 사랑에 지속해서 거하기 위해 반드시 순종해야 하는 말씀이라고 했습니다.

그런데 12~17절에서는 제자들이 서로 사랑하는 것은 또한 가지가 포도나무 안에 사랑으로 거하면 맺어지는 열매라고 말씀합니다. 더욱이 그 열매는 제자들 안에서 나누어지는 인간적인 사랑이 아닙니다. 예수님께서 십자가상에서 이루실 그 사랑, 즉 "친구를 위해 목숨을 바치는 그 사랑"입니다. 제자들이 포도나무 예수님 안에 거하면 제자들 또한 자신의 목숨까지 바치는 위대한 사랑의 열매를 맺는다는 것입니다. 예수님 사랑의 본질이 친구를 위해 자기 목숨을 바치는 사랑이기에, 제자들이 예수님의 사랑 안에 거하여 맺는 열매 또한 그 본질을 담을 수밖에 없음은 너무도 당연합니다. 결국 제자들도 친구를 위해 자기 목숨을 바치는 그 사랑의 열매를 맺는다는 것입니다.

물론 제자들은 아직 이 열매를 맺지는 못했습니다. 예수님께서 십자가를 지시지 않았기에 부활은 아직 일어나지 않았고 보혜사 성령도 임하지 않았습니다. 그러므로 예수님의 그 사랑은 완성되었다고 볼 수 없습니다.

하지만 예수님은 제자들에게 "내가 내 아버지께 [사랑에 관하여] 들은 것을 다 너희에게 알게 하였[다]"(15)라고 담대히 선포합니다. 제자들에게는 이미 그 사랑이 나타난 바 되었고, 예수께서 그들을 친구로 불러주셨을 때 그 사랑을 받은 존재들이 되었다는 것입니다. 때문에 주님 안에서 반드시 열매도 맺게 됩니다. 이 열매를 보증하시기 위해 주님은 이어지는 말씀에서 보혜사 성령을 약속하십니다.

> 내가 아버지께로부터 너희에게 보낼 보혜사 곧 아버지께로부터
> 나오시는 진리의 성령이 오실 때에 그가 나를 증언하실 것이요
> 너희도 처음부터 나와 함께 있었으므로 증언하느니라(15:26~27).

아직 사랑은 완성되지 않았지만 다가올 십자가 사랑으로 우리는 그 사랑을 받은 존재가 되었고 나아가 그 열매를 맺는 존재가 된 것이나 다름없다고 예수님은 약속하십니다. 그래서 이 사랑은 종말적 사랑이라고 볼 수 있습니다.

제자들의 현재 상태를 보면 도저히 아가페 사랑은커녕 인간적인 수준의 사랑도 맺기 힘들어 보입니다. 그러나 주님은 저들을 아가페의 사랑을 받은 자로 여겨주셨습니다. 예수님은 제자들을 자기 십자가의 사랑을 받은 자로 불러주셨기에 저들 안에 "자신이 사랑하신 것처럼 서로 사랑하는" 새 계명의 열매를 반드시 맺는다고 약속합니다. 그것을 확증하시기 위해 사랑의 보증수표처럼 보혜사 성령까지 약속하고 계십니다.

새 계명 말씀을 처음 들을 때 우리는 절망할 수밖에 없었습니

다. 우리 안에는 사랑이 없는데 어떻게 주님이 사랑하신 것처럼 사랑할 수 있다는 말입니까? 주님의 사랑은커녕 인간적인 사랑도 힘들다는 것을 잘 알기 때문입니다.

그러나 15장에서 주님은 그 새 계명이 우리 노력으로 맺히는 사랑이 아니라 주님의 사랑 안에 거할 때 맺히는 열매라고 말씀하십니다. 그 온전한 사랑의 열매는 보혜사 성령의 역사를 통해 결국 마지막에는 반드시 맺힐 종말의 열매임을 약속하십니다.

오늘도 우리는 사랑에 실패하고 좌절과 절망에 빠져 있을지도 모릅니다. 그러나 부족한 우리 안에도 결국은 주렁주렁 열리게 하실 그 사랑의 열매를 미리 당겨서 바라보며 공동체에서 그 사랑을 나누기 시작하면 됩니다. 우리가 하는 게 아닙니다. 우리 안에 살아계신 보혜사 성령께서 그 일을 이루어가실 것입니다. 나아가 보혜사 성령께서 보증이 되어주셔서 그 열매를 반드시 열리게 해주실 것입니다.

5장   싸우시는 성령

7   그러나 내가 너희에게 실상을 말하노니
    내가 떠나가는 것이 너희에게 유익이라
    내가 떠나가지 아니하면
    보혜사가 너희에게로 오시지 아니할 것이요
    가면 내가 그를 너희에게로 보내리니

8   그가 와서 죄에 대하여, 의에 대하여,
    심판에 대하여 세상을 책망하시리라

9   죄에 대하여라 함은 그들이 나를 믿지 아니함이요

10 의에 대하여라 함은 내가 아버지께로 가니
    너희가 다시 나를 보지 못함이요

11 심판에 대하여라 함은 이 세상 임금이 심판을 받았음이라 …

20 내가 진실로 진실로 너희에게 이르노니
    너희는 곡하고 애통하겠으나 세상은 기뻐하리라
    너희는 근심하겠으나 너희 근심이 도리어 기쁨이 되리라

21 여자가 해산하게 되면 그 때가 이르렀으므로 근심하나
    아기를 낳으면 세상에 사람 난 기쁨으로 말미암아
    그 고통을 다시 기억하지 아니하느니라

22 지금은 너희가 근심하나 내가 다시 너희를 보리니
    너희 마음이 기쁠 것이요 너희 기쁨을 빼앗을 자가 없으리라

23 그날에는 너희가 아무것도 내게 묻지 아니하리라
    내가 진실로 진실로 너희에게 이르노니
    너희가 무엇이든지 아버지께 구하는 것을 내 이름으로 주시리라

24 지금까지는 너희가 내 이름으로 아무 깃도 구하지 아니하였으나
    구하라 그리하면 받으리니 너희 기쁨이 충만하리라

요 16:7~11, 20~24

1960년대와 70년대에 미국에서 변호사로 활동했던 사람 중에 윌리엄 스트링펠로우(William Stringfellow)가 있습니다. 하버드 법대를 졸업한 뛰어난 변호사였지만, 오히려 평신도 신학자로 더 널리 알려진 분이었습니다. 특히 영적전쟁을 학문적으로 탐구하여 신학계에서 인정을 받았습니다.

그분이 어느 날 '영적전쟁'에 관한 주제로 하버드 신학대학교에서 특강을 했는데, 강의에 귀를 기울이는 학생을 찾아보기 힘들었습니다. "이렇게 문명이 발달한 20세기에 신화에나 등장하는 이야기를 하다니…"라는 표정으로 무시하는 것 같았습니다.

그런데 그 자리에서 열심히 강의를 들으며 노트도 하고 질문도 하던 한 노신사가 있었는데 그분은 하버드 경영대학원 교수였습니다. 강의가 끝나자마자 노신사는 강사에게 다가가 소감을 밝힌 후 같은 주제로 자신이 가르치는 경영대학원에서 강의를 해달라고 요청합니다. '신학생도 듣지 않으려는 주제를 경영대학원 학생들이 관심이나 가질까?' 반신반의하면서도 흔쾌히 수락하고 가서 강의를 했는데, 여기서 예상 밖의 일이 벌어집니다. 모두들 그의 강의를 경청할 뿐 아니라 강의를 마치고도 학생들은 삼삼오오 짝을 지어 소감을 나누며 깊은 대화를 이어가는 것이었습니다. 그중에 한 사람이 이런 말을 합니다.

> 우리는 평생 돈의 흐름이라는 것을 연구해서 예측하고 투자하며 살아왔는데, 단순한 경영 논리 혹은 재정 원칙으로는 설명되지 않는 일을 접할 때가 자주 있었습니다. 오늘 이야기를 들어보니 그 부분이 영적전쟁 프레임에서 잘 설명이 됩니다.

영적전쟁을 깊이 있게 탐구해야 할 신학생들은 무시하고, 전혀 관심 없을 것 같은 부류가 진지하게 받아들이는 시대입니다. 우리가 어떻게 생각하든 영적전쟁은 실재입니다. 왜 그렇습니까? 에덴동산에서 선악과를 따먹은 후에 세상이 전시 상황으로 변했기 때문입니다. 선악과를 따먹기 전에 세상은 하나님의 창조 질서에 따라 움직였습니다. 그러나 인간이 선악과를 취한 후에 혼돈 세력이 세상에 들어오면서 이제 세상은 전쟁터가 되었습니다.

하나님의 복을 다 누리지 못하는 이유

한쪽에는 아낌없이 주시는 분이 있습니다. 그래서 인간을 창조하시고 이렇게 말씀하셨습니다.

하나님이 그들에게 복을 주시며 하나님이 그들에게 이르시되 생
육하고 번성하여 땅에 충만하라, 땅을 정복하라, 바다의 물고기
와 하늘의 새와 땅에 움직이는 모든 생물을 다스리라 하시니라
(창 1:28).

우리는 하나님이 주신 복, 즉 하나님의 사랑 그리고 그 은혜를
다 누리고 있습니까? 대부분 그러지 못하고 살아갑니다. 왜 그렇습
니까? 하나님이 주신 복을 빼앗아가는 존재가 있기 때문입니다. 바
로 선악과로 하와를 유혹했던 악의 세력입니다.

주신 분이 있고 빼앗는 존재가 있다면, 세상은 이미 영적전쟁
중입니다. 영적전쟁 한가운데서 세상의 재창조를 위해 부르심받은
주님의 교회 역시 영적전쟁 한가운데 있다고 보아야 합니다. 교회는
더 이상 영적전쟁이 있느냐 없느냐를 질문해선 안 됩니다. 교회는
"이 영적전쟁을 어떻게 치를 것인가?"를 물어야 합니다.

예수님의 고별 설교도 지금 제자들이 영적전쟁 중임을 분명히
보여줍니다(요 15:17~16:4). 세상은 예수님을 박해할 것이기에 주님
안에 있는 제자들도 박해한다고 말합니다. 제자들 중에는 회당에서
출교당하는 사람도 있습니다. 회당은 유대 사회에서 종교뿐 아니라
문화, 정치, 경제적 생활의 중심이었습니다. 이런 밀접한 사회 관계
망인 회당을 벗어나 자립하며 살아간다는 것은 사실 불가능에 가깝
습니다. 회당에서 출교당하면 마을을 떠나든지 이방인처럼 살든지

해야 했습니다. 심지어 저들의 손에 죽임을 당하기도 할 거라고 말씀합니다.

예수님과 함께 다닐 때도 영적전쟁은 늘 있었습니다. 그러나 이제 며칠 후면 전무후무한 영적전쟁이 벌어질 것을 예고하십니다. 그때 세상에 남은 제자들은 이 전쟁을 어떻게 치러야 하는지 16장 전체에 걸쳐 말씀하십니다.

세 영역에서 일하시는 성령의 사역

다가올 영적전쟁에서 예수님은 보혜사 성령님을 약속하십니다. '보혜사'란 단어를 들을 때 우리는 부드러운 상담자를 연상합니다. 마음을 만지고 위로하고 품어주는 따스한 성령님이 생각납니다. 그러나 요한복음 16장에서 말씀하시는 보혜사는 완전히 다른 모습입니다. 임박한 영적전쟁에서 이 전쟁을 주도하시는 분으로 등장합니다. 구약에 등장하는 군대장관 되신 여호와 하나님의 모습을 닮았습니다. 그렇습니다. 16장에서 보혜사 성령님은 더 이상 부드러운 상담자가 아니라 치열한 영적전쟁에서 앞장서서 싸우시는 모습입니다.

예수님은 이제 제자들을 떠나가시면서 그들에게 보혜사 성령을 보내신다고 약속하십니다. 그리고 제자들에게 당부하십니다. 보혜사가 오면 저들을 대신해서 세상을 향해 싸울 것이니 그분만 따라가라고 하십니다. 그분의 사역 속에 담긴 영적전쟁의 방법과 패턴을 잘 배우라고 하십니다.

그렇다면 성령님이 행하시는 사역의 방법과 패턴은 무엇일까요? 16장에서 우리는 세 영역에서 일하시는 성령의 사역을 발견합니다.

첫째는 세상에 관하여 말씀합니다. 세상에 관하여 성령님은 책망하시고 심판하시는 분으로 등장합니다.

둘째는 교회에 관하여 말씀합니다. 교회에 관하여 성령님은 교회의 심장부인 진리를 드러내시는 분으로 등장합니다. 제자들에게 진리이신 예수님을 보이시고 그 진리 안에서 예수님의 영광을 나타내신다고 합니다.

셋째는 "때"에 관하여 말씀합니다. 십자가와 부활로 이미 영적 전쟁의 승부는 끝났습니다. 비록 제자들의 부활은 아직 실현되지 않았으나 예수님의 십자가와 부활 덕분에 제자들의 마지막 부활도 반드시 이루어집니다. 성령님은 제자들의 마지막 부활이 보장된 사실임을 끊임없이 증거하십니다.

예수님은 성령의 세 가지 사역을 말씀하시면서 영적전쟁에서 성령의 역할에 합당하게 반응함으로 영적전쟁에 동참하라고 하십니다. 즉, 세상을 향해 싸우시는 성령님 뒤에 숨어 기도하면서 싸웁니다. 그리고 교회의 심장부인 진리 가운데로 이끄시는 성령님을 따라 들어가 예배하면서 싸웁니다. 또한 종말의 때에 마지막에 휘날릴 승리의 깃발을 보여주시는 성령님을 보면서 미리 당겨 오늘을 살라고 하십니다.

영의 눈을 떠서 싸우는 전쟁입니다. 정리하자면, 세상을 향해서는 싸워라, 교회의 심장부는 지켜라, 때에 관하여는 그 마지막 그

럼을 보라고 하십니다. 참 이상한 싸움입니다. 기도로 싸우고 예배로 싸우고 눈을 뜨고 싸우면 교회는 16장의 결론인 "내가 세상을 이기었노라" 하신 말씀을 경험하게 된다는 것입니다. 이 세 가지 성령의 사역 각각에 대해 더 자세히 살펴보겠습니다.

새로운 이스라엘을 시작하시는 예수님

첫째, 세상을 향해 책망하시는 성령님을 앞세우고 교회는 숨어라.

한 마디로 싸우는 분은 성령님이고 제자들은 그 뒤에 숨으라고 말씀합니다. 싸우는 분이 성령 하나님이라면 이 전쟁은 우리에게 속한 것이 아닙니다. 구약을 보면 하나님을 전쟁에 앞장선 하나님을 '대장'이라고 묘사하는 장면이 종종 나옵니다. 그때 시편 기자나 선지자들은 대장되신 하나님을 '방패'로 묘사합니다. 시편에서는 무려 21번이나 하나님을 방패로 부릅니다. 예수님은 제자들의 방패 되신 보혜사 성령님을 약속합니다. 이 성령님을 자신의 방패로 삼으면 성령님이 앞장서서 싸우신다는 말씀입니다.

제자들에게 방패이신 성령님은 세상을 향해서는 오히려 칼이 됩니다. "그가 와서 죄에 대하여, 의에 대하여, 심판에 대하여 세상을 책망하시리라 죄에 대하여라 함은 그들이 나를 믿지 아니함이요 의에 대하여라 함은 내가 아버지께로 가니 너희가 다시 나를 보지 못함이요 심판에 대하여라 함은 이 세상 임금이 심판을 받았음이라"(요 16:8~11).

성령은 죄에 대하여, 의에 대하여, 심판에 대하여 책망합니다. 사실 이 번역은 조금 모호합니다. 공동번역은 같은 구절을 이렇게 옮기고 있습니다. "그분이 오시면 죄와 정의와 심판에 관한 세상의 그릇된 생각을 꾸짖어 바로잡아 주실 것이다"(16:8). 다른 말로 하면, 성령님은 세상이 생각하는 죄에 대해, 세상이 정의내린 의에 대해, 세상이 바라보는 심판에 대해 판결을 내리신다는 것입니다.

이 말씀은 당시 법정이 어떻게 돌아가는지 알면 더 명쾌하게 이해됩니다. 이 구절에 관해 톰 라이트는 본문이 당시의 법정 시스템을 배경으로 나온 말씀이라고 합니다. 당시에는 지금과 같은 시스템이 없었습니다. 즉, 모든 소송은 검찰청에 접수하고, 순서대로 재판에 부치면 판사가 판결을 내리는 시스템이 아닙니다. 접수처도 없고 검사와 변호사도 없으며 배심원은 더더욱 없었습니다. 그러므로 어떤 사람이 소송을 걸어 재판까지 가려면 사회적으로 권력이 있어야 했습니다. 가난하고 힘없는 사람들은 법원에 소송을 요청해도 재판을 개시하지 않아 억울함을 호소할 기회조차 얻지 못했고, 설사 재판이 열렸다고 해도 승소하는 경우가 아주 드물었습니다.

역사적으로 볼 때 이스라엘이 이러했습니다. 강대국에 둘러싸여 늘 당하기만 했던 이스라엘은 억울함을 호소해도 들어주는 이가 없었습니다. 시편을 보면 하나님께 호소하며 악인을 심판해달라고 탄원하는 내용을 자주 접합니다. 재판 하나도 제대로 받지 못하는, 힘없고 가난한 백성이 바로 이스라엘이었던 것입니다. 그래서 이스라엘은 억울한 현실을 하나님의 법정에라도 가지고 나와 판결을 받고 싶다고 시편에서 호소했던 것입니다. 하나님의 공의가 이 땅에 임하게 해달라고 왜 그렇게 사무치도록 기도했는지 어느 정도 이해가 되는 대목입니다.

시편을 통해 호소하는 이스라엘 백성의 청원에 하나님께서는 역사 속 여러 사건을 통해 답하십니다. 때로는 이스라엘이 옳았다고 판결 내리십니다. 출애굽 사건이 대표적입니다. 이스라엘의 억울함을 들으시고 바로에게 재앙을 내리시며 이스라엘을 해방하시는 판결을 내리십니다.

그러나 많은 경우 하나님은 그렇게 하지 않으십니다. 대표적으로 바벨론 왕국 밑에서 식민지 생활을 할 때입니다. 바벨론에게 침략을 받아 예루살렘은 초토화되고 성전은 짓밟혔으며 젊은 인재는 모두 포로로 잡혀간 현실을 보십시오. 바벨론에서 귀환한 이후의 생활도 다르지 않았습니다. 헬라와 로마의 왕국은 이스라엘을 정복하고 백성을 유린합니다. 예수님이 계셨을 때도 이스라엘은 로마의 압제에서 벗어나지 못했습니다. 심판주 하나님은 이스라엘의 손을 들어주시지 않았던 것입니다.

이런 배경에서 16장에 나오는 예수님의 고별 설교를 들어봅니다. 16장은 또다시 하나님의 법정이 열리는 장면입니다. 하나님은 이제 한 분을 통해 아주 확실한 판결문을 내려주십니다.

한쪽은 새로운 이스라엘을 시작하는 예수님이고 다른 쪽은 아브라함의 혈통인 옛 이스라엘입니다. 두 이스라엘이 다 하나님께 나아와 자신이 옳다고 합니다. 그래서 재판장인 하나님이 판결문을 읽어주십니다. 그런데 이번에는 보혜사 성령께서 직접 판결문이 되어주십니다. 보혜사 성령이 임하는 쪽이 옳았다고 인정받는 진영이고 성령이 임하지 않는 쪽은 하나님이 틀렸다고 보시는 진영입니다. 즉, 보혜사 성령이 임하는 쪽이 참 이스라엘이고, 보혜사 성령이 임하지 않는 쪽은 세상이라는 것입니다.

예수님의 세례식을 떠올려봅시다. 보혜사 성령님은 누구에게 임했습니까? 성령님은 참 이스라엘을 시작하시는 예수님에게 임했습니다. 보혜사 성령님은 예수님이 옳았으며 아브라함의 혈통을 자랑하는 옛 이스라엘은 틀렸다고 판결하신 것입니다.

이러한 배경에서 말씀을 봐야 합니다. 이것이 성령님의 판결문입니다. 성령님은 세 가지 면에서 세상이 잘못되었다고 판결했습니다. 그리고 여기에서 말하는 '세상'은 이집트나 바벨론 혹은 로마가지배하는 이방 세상이 아니라 '유대인'을 가리킵니다. 여호와의 이름으로 성전을 짓고, 회당에서 율법을 가르치고, 할례를 행하는 그 유대인 맞습니다. 성령은 지금 그들을 심판하시면서 그들이 생각하는 죄의 개념, 의의 개념, 심판의 개념에서 무엇이 잘못되었는지 말씀하십니다.

죄에 대해서

유대인들은 율법을 어기면 죄인이라고 생각했습니다. 그래서 안식법을 어기고 하나님과 자신을 동일시했던 예수님을 죄인으로 몰아 십자가에 내주었습니다. 그러나 보혜사 성령은 종교 지도자와 유대인들이 예수님을 믿지 않는 것이 죄라고 말씀합니다. 그들은 율법을 읽고 선지자들의 말씀을 부지런히 연구했지만 율법과 선지자가 증언하는 예수님을 믿지 않았습니다. 간음한 여인을 예수님에게 데리고 와서 그녀를 정죄했지만 정작 자기 죄는 보지 못했습니다. 유대인은 예수님을 보내신 아버지를 믿지 않았고, 아버지께서 보내신 예수님을 믿지 않는 죄를 저질렀습니다.

구약 말씀을 율법으로 읽었던 유대인처럼 신약 말씀도 율법으로 읽는 사람이 있습니다. 말씀을 읽으면서 말씀하시는 분을 발견해야 하는데 문자만 읽는 케이스입니다. 말씀에 목이 마르면서도 말씀하신 분에게는 목마르지 않는 경우입니다. 성경을 사랑한다고 하지만 성경을 사랑하는 자체가 율법이 될 수도 있습니다. 성경의 주인공인 하나님을 사랑하지 않으면 그렇게 됩니다.

의에 대해서

유대인은 그들 나름대로 정한 기준에 따라 신성 모독죄를 적용해 예수님을 십자가에 내주었습니다. 그 끔찍한 일을 하나님의 의를 내세우며 행했습니다. 때문에 그들은 끔찍한 일을 행하고도 의롭다고 착각하고 있었던 것입니다.

그러나 그들이 의의 이름으로 예수님을 십자가에 못 박은 사건은 하나님 입장에서는 예수님이 하나님께로 돌아오신 사건이었습니다. 십자가는 사람의 눈으로 보면 예수라는 인물이 역사에서 사라진 일처럼 보이지만 하나님 입장에서는 정반대였습니다. 예수님의 십자가는 죽임당하신 예수님이 하나님 보좌 우편으로 등극한 사건입니다.

예수님이 하나님 보좌 우편에서 행하시는 가장 중요한 일은 무엇입니까? 심판입니다. 그러므로 하나님의 보좌 우편은 하나님의 심판대입니다. 예수님이 하나님 보좌 우편으로 등극했다는 것은 예수님이 곧 재판장이 되셨다는 것입니다. 유대인들은 예수님을 십자가에 내어준 것을 의라고 생각했는데, 하나님은 당신의 심판대에 예수님을 심판주로 앉히시고 십자가가 유대인의 의를 심판하는 관문이 되도록 하셨습니다. 우리가 교회에서 일어난 어떤 사건을 접하면서 의롭다, 의롭지 못하다고 판단하는 경우가 많습니다. 그러나 이 말씀대로 하자면 우리가 판단을 내리는 행위는 어쩌면 그렇게 판단하는 자들을 불의하게 만들 수 있음을 생각해야 합니다.

의에 대한 판결은 보혜사 성령이 내립니다. 그러므로 교회 내에서 어떤 문제를 접할 때마다 우리는 다시 한번 성령님을 초청해야 합니다. 성령의 음성을 듣고, 성령의 인도하심에 민감한 사람이 되는 것이 결국 의의 편에 서는 것입니다.

심판에 대해서

세상 임금은 사탄을 의미합니다. 유다와 세상 권력자들을 움직여 예수님을 십자가에 못 박았을 때 사탄은 자신이 그분을 심판했다고 생각했습니다. 자신이 죽음의 권세를 쥐고 있기에 예수를 십자가에 못 박음으로써 자기 권세 밑에 복종시켰다고 여겼을 것입니다. 그런데 세상 임금이 심판했다고 생각했던 예수님은 3일 만에 부활하셨습니다. 자신이 심판했다고 생각했던 예수님이 부활함으로써 그는 거꾸로 예수님에게 심판을 당한 꼴이 되었습니다. 왜 그렇습니까? 사탄의 최후 보루는 죽음이기 때문입니다. 죽음을 붙들고 있는 한 사탄은 승리할 것으로 믿었습니다. 그런데 예수님은 부활로써 그 죽음의 세력을 부숴버리셨습니다. 죽음의 세력을 부수고 죄의 권세를 물리쳤습니다. 그러므로 이제 사탄은 더 이상 하나님이 지은 인간과 창조 세계를 멸망의 길로 몰고 갈 수 없게 됐습니다. 죄를 지은 인간과 함께 하나님이 창조하신 세계를 예수님이 자신의 핏값으로 구속했기 때문입니다. 성령은 십자가에 못 박히고 부활하신 예수님을 통해 이 세상이 내린 심판을 거꾸로 심판했습니다.

"사탄은 영원히 심판당했다." 성령님께서 지금도 우리 안에서 날마다 증언하시는 바도 이것입니다. 죄의 권세에 묶였던 모든 백성은 이제 죄의 사슬에서 풀려나 의로운 자로 다시 태어났습니다. 성령이 판결문입니다. 성령이 심판합니다. 성령께서는 그른 것은 그르다고 말하고, 옳은 것은 옳다고 하실 것입니다.

성령님 뒤에 숨어라

그렇다면 성령님께서 앞장서서 세상을 심판하실 때 성령님을 뒤 따라가며 싸운다는 것은 구체적으로 무엇을 말할까요? 16장 23~24절에 이에 대한 답이 있습니다.

> 그날에는 너희가 아무것도 내게 묻지 아니하리라 내가 진실로
> 진실로 너희에게 이르노니 너희가 무엇이든지 아버지께 구하는

것을 내 이름으로 주시리라 지금까지는 너희가 내 이름으로 아
무것도 구하지 아니하였으나 구하라 그리하면 받으리니 너희 기
쁨이 충만하리라.

이것은 교회의 방패 되신 성령님 뒤에 숨어 기도하는 것을 말
합니다. 14장에서부터 예수님은 성령님을 보내신다는 것과 함께 다
른 약속을 하나 하셨습니다. 성령이 오시면 기도에 대한 새로운 패
러다임이 시작된다는 약속입니다. 즉, 기도하면 주님이 기도 응답을
주신다는 말씀입니다. 그러므로 성령 뒤에 숨어 기도하라고 촉구하
십니다.

예수님이 "내 이름으로 무엇이든지 내게 구하면 내가 행하리
라"(요 14:14)고 말씀하신 것은 성령이 오실 것이기 때문입니다. 또
한 "내가 너희를 고아와 같이 버려두지 아니하고 너희에게로 오리
라"(14:18)고 약속하시고, 이에 대한 응답으로 "보혜사 곧 아버지께서
내 이름으로 보내실 성령 그가 너희에게 모든 것을 가르치고 내가
너희에게 말한 모든 것을 생각나게 하리라"(14:26) 말씀하시며 보혜
사 성령님을 언급합니다. 즉, 14절의 "내 이름"으로 기도하라는 말씀
은 결국 "내 이름"으로 보낼 성령을 말씀하는 것입니다.

15장 7절에도 "너희가 내 안에 거하고 내 말이 너희 안에 거하
면 무엇이든지 원하는 대로 구하라 그리하면 이루리라"라고 약속합
니다. 그리고 같은 맥락에서 26~27절에 "내가 아버지께로부터 너희
에게 보낼 보혜사 곧 아버지께로부터 나오시는 진리의 성령이 오실
때에 그가 나를 증언하실 것이요 너희도 처음부터 나와 함께 있었

으므로 증언하느니라"라고 약속하십니다.

15장 서두에서 예수님은 기도 응답을 약속하셨는데, 15장을 마치면서는 진리의 영인 성령이 오실 것을 약속합니다. 즉, 제자들의 기도 응답은 14장과 마찬가지로 성령님의 도래와 성령님의 내주함이 그 근간을 이룬다는 것을 알 수 있습니다.

16장에서도 세상을 향해 꾸짖으시는 성령님과 함께 한 가지를 제자들에게 당부하셨는데 그것이 바로 기도입니다.

예수님의 이름으로 기도하면 하나님께서 이루실 것이며 아울러 제자들의 마음이 기쁨으로 충만해진다고 합니다. 기도 응답이 있기에 제자들 마음에 기쁨이 충만하다는 말씀입니까? 아닙니다. 기도 응답으로 기쁨이 충만한 게 아닙니다. 기도 응답의 과정과 내용으로 그렇게 된다고 말씀합니다. 16장 앞부분에서 진리의 성령이 오시면 제자들의 슬픔이 변하여 기쁨이 된다고 약속하셨습니다. 그날에 제자들이 기도함으로 충만한 기쁨을 경험했다면, 그 이면에는 그들 가운데 이미 성령이 거하신다는 확증이 있다는 것입니다. 이와 같이 16장에서도 성령님의 도래가 기도 응답의 핵심을 이루는 것을 봅니다. 예수님은 고별 메시지 전체에서, 보혜사 성령에 대한 약속의 말씀이 제자들의 기도와 밀접한 관계에 있음을 보여주십니다.

가장 위험했던 땅이 안전한 땅으로

지금으로부터 13년 전, 중국선교를 탐구하다가 경도 105도 지역에 관심이 생겼습니다. 경도 105도를 중심으로 중국 교회의 그림을 그려보니 아주 대조되는 두 개가 나왔습니다. 105도의 동쪽은 기독교 국인 중국이었습니다. 그동안 중국에 복음 역사가 왕성하게 일어났는데 전부 105도 동쪽입니다. 그러나 105도를 기준으로 서쪽은 교회가 세워져야 하는 미전도 국가였습니다. 기독교의 영향력이 아주 미미한 동네였습니다.

저는 궁금했습니다. '왜 복음의 역사가 105도 선을 넘어서질 못할까?' 그게 궁금해서 경도 105도 서쪽의 12개 도시를 선정해 비전 트립을 갔습니다. 처음 서안으로 들어가 우루무치를 거쳐 마지막으로 갔던 도시가 티베트의 라싸입니다. 티베트 라싸를 가려면 사천성 성도에서 비행기를 타고 가야 합니다. 성도에서 라싸까지 가는 노선은, 이륙은 있는데 착륙은 없는 노선이라고 이야기합니다. 성도는 고도가 아주 낮은 분지에 있고 라싸는 해발 3,000~5,000미터의 고원에 위치해 있기 때문입니다.

비행기가 성도를 출발해 눈 덮인 히말라야의 끝자락 봉우리들을 지나면 라싸가 눈에 들어옵니다. 비행기가 라싸 공항에 도착하자 비행기 문이 열리는데 그때부터 갑자기 뒷골이 땅기고 아프기 시작했습니다. 옆에 있던 가이드 선교사님께 이야기했습니다.

"선교사님, 소문으로 듣던 대로 이곳의 영적 눌림이 장난이 아니네요."

그분은 웃으시면서 제 생각을 부드럽게 정정해줍니다.

"목사님, 뒷골이 땅기고 아픈 것은 영적 눌림이 아니고 고산 반응입니다. 공기가 부족해서 그런 것이니 물 많이 드시고 천천히 움직이세요."

그분 말씀대로 물을 많이 마시고 천천히 움직였더니 머리 아픈 것도 가시고 생각도 다시 맑아졌습니다. 공항 밖으로 나와 버스를 탔습니다. 이제 버스로 한 시간을 가면 라싸에 도착합니다. 그런데 버스를 올라타는 순간 흥분되기 시작했습니다. 버스에 탄 사람들은 거의 중국 청년이었습니다. 하나님은 라마불교가 장악하고 있는 이 땅을 변화시키기 위해 사업하는 이 청년들을 먼저 이곳에 보내 티베트에 깊이 뿌리내린 라마불교의 문화를 바꾸는 일을 하고 계신다는 생각이 들었습니다.

그러나 흥분도 잠시뿐, 차가 출발하면서 분위기는 완전히 바닥으로 꺼졌습니다. 청년들은 전부 고개를 뒤로 젖히고 마약 먹은 사람처럼 눈을 감고 있었습니다. 창문 밖으로 보이는 티베트의 풍경은 너무너무 어두웠습니다. 온 산이 오색 깃발로 가득 차 있었습니다. 버스 밖으로는 10분 간격으로 사원이 스쳐 지나갑니다. 마니차를 돌리며 불경을 외는 티베트 사람들이 양쪽 길을 메우고 있습니다. 티베트의 온 땅이 전부 달라이 라마 신전 같았습니다.

그때 선교사님이 저에게 이야기합니다.

"목사님, 지금 이것은 고산 반응이 아니고 영적 눌림입니다. 기도로 견디어 내셔야 합니다."

그런데 기도가 막힙니다. 찬송을 부르는데 찬송가 가사가 안 떠오릅니다. 과연 성도 105도를 기준으로 견고한 신을 치고 복음의 길을 가로막는 영적전쟁의 심장부에 와있다는 생각이 들었습니다. 그때 차 안의 분위기를 반전시키는 노래 하나가 흘러나왔습니다. 청년들이 잠에서 깨기 시작했고 어깨를 흔들며 노래를 따라 부르기 시작한 것입니다. 선교사님이 저에게 묻습니다.

"목사님, 혹시 저 노래를 아십니까? 저 노래가 중국을 뒤집어놓았습니다."

가만히 들어보니 많이 들어본 노래였습니다. 바로 전 세계에 한류 열풍을 불러일으켰던 드라마 〈대장금〉의 주제가였던 것입니다. "오나라! 오나라! 아주 오나…."

그때 하나님은 제 마음에 감동으로 임하셨습니다.

속으로는 '대장금 노래가 여기까지 들어왔는데 부흥 찬송이 들어오지 말란 법이 있느냐?' 외치면서 하나님을 찬송하기 시작했습니다.

"이 땅의 황무함을 보소서…."

그때 아버지께서는 저에게 반문하시는 것 같았습니다.

"나는 이 땅의 황무함을 이미 보고 있다. 너만 보면 된다."

마침내 제 기도의 문이 열렸고 예배의 영감이 일어나기 시작했습니다. 대장금 노래로 버스 안에서 저와 선교사님의 영이 힘을 얻었습니다.

버스 안에서 시간 가는 줄 모르고 기도하며 예배하다 보니 어느덧 버스는 라싸에 도착했습니다. 짐을 챙겨 예약한 호텔로 찾아갔는데 선교사님은 호텔로 들어서자마자 다른 데로 가자고 합니다. 본인은 분명히 서양식 호텔을 예약한 줄 알았는데, 와서 보니 절간 형식에 맞춰 지은 호텔이라는 것입니다.

그 이야기를 듣고 주위를 둘러보니 입구에 커다란 불상이 있었고, 복도마다 불상이 10미터 간격으로 놓여 있었습니다. 보통 단기 선교를 가면 늘 그랬듯이 갑자기 제 안에 도전 정신이 발동하기 시작했습니다. 속으로 '예수 믿는 우리가 이 호텔에 왔으면 저들이 물러가야지 왜 우리가 물러나는가?'라는 생각이 들면서 갑자기 영적인 오기가 생기기 시작합니다. 이대로 물러날 수 없다는 생각에 나는 선교사님을 설득해 그냥 그 호텔에 묵자고 했습니다. 그분은 내키지 않아 했으나 제가 워낙 강하게 주장하니 그냥 함께 체크인을 했습니다.

하지만 방문을 들어서면서부터 다른 호텔로 갈 것을 잘못 들어왔다는 생각이 들기 시작했습니다. 티베트 불교는 악령의 세계를 달래야 하기에 보통 불상 주변에는 심란한 부적들이 함께 아우러져 있습니다. 우리가 투숙한 방 내부에도 끔찍한 부적들이 가득했습니다. 동행한 선교사님은 부적들을 보자마자 먹은 것을 다 토하며 그 자리에서 쓰러져버렸습니다.

할 게 기도밖에 없다는 생각이 들어 기도를 시작했습니다. 생각도 혼미해진데다 영적 눌림마저 가중되어 기도의 문이 쉽게 열리지 않았지만, 얼마 안 있어 아주 익숙한 기도가 떠오르기 시작했습니다. 평소에는 마치 주문인 것처럼 외웠으나 그 중요성을 제대로 알지 못했던 '주기도문'이었습니다. 주님이 직접 가르쳐주셨기에 가장 능력 있는 기도란 확신이 들었습니다.

저는 마음과 뜻과 정성을 담아 수기도분을 선포하기 시작했습니다.

"하나님 아버지의 이름이 이 땅에서도 거룩히 여김을 받으옵소서."

"하나님 나라가 이 땅에도 이루어지게 하옵소서."

"하나님 뜻이 하늘에서 이루어진 것처럼 이 땅에도 이루어지게 하옵소서."

그때 옆에서 누워 있던 선교사님도 일어나 함께 기도하기 시작했습니다. 혼자서 시작한 주기도문을 이제 두 명이 외치기 시작했습니다. 정말 우리가 무릎 꿇고 기도했던 그 자리에서 주님의 이름이 높임을 받으시는 것 같았습니다. 하나님 나라가 임하는 것 같았습니다. 하나님의 뜻이 이루어지는 것 같았습니다. 우리가 기도할 때 그 땅은 변할 수 있다는 확신이 마음 가운데 임했습니다. 그때 주님은 티베트를 향한 당신의 비전을 제게도 허락하셨습니다.

"너는 잘 보았느냐? 네가 본대로 이곳은 가장 위험한 땅이다. 그러나 너희가 주기도문을 외치며 기도하면 내가 이 땅을 가장 안전한 땅으로 만들 것이다."

그 이후로 티베트 지역의 한 도성을 정해놓고 기도의 제단을 쌓았습니다. 그렇게 하길 13년 했습니다. 저의 동역자는 20년 가까이 했습니다. 얼마 전 그 도성에서 14개의 불경신학교를 운영하는 어느 고승이 저희에게 이야기합니다. "이 땅은 참으로 위험한 땅이었습니다. 집안끼리 싸움이라도 일어나면 몇 명쯤 죽어 나가야 겨우

끝나는 아주 살벌한 땅이었죠. 중국 공안들도 감히 개입하지 못하는 위험한 지역이었으니까요. 그런데 언제부턴가 이 땅에 피의 역사가 물러가고 폭력의 역사가 사라졌습니다. 평화가 찾아왔습니다."

고승은 그 이유를 도대체 모르겠다고 말합니다. 우리는 속으로 회심의 미소를 지었습니다. 티베트를 섬기는 수많은 선교사가 그 땅을 수도 없이 방문했습니다. 작은 여관방에서, 불경신학교에서, 초원 위에서 저들이 무릎꿇고 무엇을 기도했을까요? "티베트에서 가장 위험한 이 땅이 변하여 가장 안전한 땅이 되게 해주세요"라는 기도였습니다. 그 기도가 응답되었던 것입니다.

대한민국에 사는 분들은 대부분 자신이 안전한 땅에 산다고 생각합니다. 그러나 해외 교포의 입장에서 볼 때 조국은 그리 안전하지 못합니다. 한반도는 이 세상에 남은 유일한 분단국가이기도 합니다. 남한에 살면 이런 부분을 잘 모를 수 있습니다. 그러나 북한을 다녀온 사람으로서 저는 그 땅을 방문할 때마다 한반도에 감도는 긴장감을 몸소 느낍니다. 지난 50년 동안 이렇게 위험한 땅이 없었습니다.

외국인 기자들이 서울에 와서 놀라는 것 중에 하나는, 지구상 가장 위험한 땅이라고 생각하며 왔는데, 정작 여기서 살아가는 사람들은 이런 사실을 인식하지 못하고 있다는 것입니다. 청와대에서 판문점까지의 거리가 약 52킬로미터입니다. 제가 집에서 선교 사무실까지 매일 출퇴근하는 거리와 비슷합니다. 날마다 이 거리를 다니면서 멀다는 생각을 해본 적이 없을 정도로 가까운 거리입니다. 그 판문점에서 남북은 지금도 총을 겨누고 있습니다. 무려 지난 67년 동안 한반도는 그런 초긴장 상태에 있었습니다. 이 세상에서 이렇게 위험한 땅이 또 어디 있습니까? 그런데 서울 시민을 비롯하여 남한 사람들은 지난 67년 동안 이 땅에서 안전하게 살고 있습니다. 저는 이유를 압니다. 지난 반세기 동안 한국 교회가 새벽을 깨우며 기도의 제단을 쌓았기 때문입니다. 그 기도가 가장 위험한 이 땅을 안전한 땅으로 바꾸어놓은 것입니다. 우리가 안전 불감증에 걸려 현실 감각이 없어서가 아니라, 누군가의 새벽기도로 이 땅에 은혜의 보호막이 둘렀기 때문에 우리는 이 땅에서 오늘도 안전하게 살아가는 것입니다.

지난 13년 동안 치열한 영적전쟁 현장을 다니며 저는 한 가지 사실을 깨달았습니다. 그 싸움은 능동태의 싸움이 아닌 수동태의 싸움이었다는 사실입니다. 시편 기자의 표현을 빌리자면 방패의 싸움이었지 칼의 싸움이 아니었습니다. 영적전쟁이 더욱 치열해질수록 방패 되신 성령님 뒤에 숨어야 한다는 사실을 알았습니다. 성령님 뒤에 숨어 저를 공격해 들어오는 세상을 향해서는 수동적(passive)이 되어야 하고, 기도의 무릎을 꿇는 데는 더욱 능동적(active)이 되어야 함을 알았습니다.

한반도도 언젠가는 통일될 것입니다. 하나 되게 하시는 하나님께서 그것을 원하시기 때문입니다. 성경을 읽으면서 제가 깨달은 하나님은 막힌 담을 허무시는 분입니다. 갈라진 틈새를 이어주는 분입니다. 징검다리를 놓으시는 분입니다. 우리는 통일을 위해 기도의 선한 싸움을 싸워야 합니다. 기도로 성령이 행하시는 싸움에 동참하고, 기도로 통일의 열매를 함께 따야 합니다. 그러므로 한국 교회가 기도를 쉬지 않았으면 좋겠습니다. 남북통일이 되는 그날까지, 새벽 제단의 불을 지속적으로 지폈으면 좋겠습니다. 언젠가 우리도 통일이 될 것입니다. 자녀들이 통일한국에서 살아가는 그날에 "우리가 위험한 이 땅에서 살 때 엄마 아빠의 기도로 가장 안전하게 살 수 있었다"라고 고백했으면 좋겠습니다.

성령이 오시면 달라집니다

둘째는, 교회에 관하여 말씀합니다. 교회와 관련하여 성령님은 진리를 드러내시는 분으로 등장합니다. "내가 아직도 너희에게 이를 것이 많으나 지금은 너희가 감당하지 못하리라 그러나 진리의 성령이 오시면 그가 너희를 모든 진리 가운데로 인도하시리니 그가 스스로 말하지 않고 오직 들은 것을 말하며 장래 일을 너희에게 알리시리라"(16:12~13).

제자들 입장에서 예수님을 봅시다. 주님은 30대 초반에 결혼도 하지 않은 청년입니다. 수많은 이적과 기사를 행했지만, 세리와 죄인들과 함께 먹고 마시며 생활하는 모습을 대하면서 어쩌면 자신과 크게 다르지 않은 평범한 인간의 모습을 보았을 것입니다. 심지어 제자들의 발을 씻기는 모습에서는 메시아로서 마땅히 지녀야 할 권위보다는 왠지 힘없는 종의 연약한 모습이 더 드러났습니다.

이런 분이 이제 며칠 후면 자신이 십자가에서 죽고 부활하여 세상의 모든 죄와 죽음의 권세를 물리칠 것이라고 주장합니다. 나아가서 만물 속에 새 창조를 시작할 것이며 하늘과 땅에 새로운 영적 질서를 회복할 것이라고 하십니다. 당시 제자들 입장에서는 이해할 수도, 받아들이기도 힘든 주장이었습니다.

예수님의 십자가와 부활을 통해 일어날 이 엄청난 변화를 제자들이 어떻게 다 이해할 수 있겠습니까? 알 수도 없지만 설사 알게 된다 해도 제자들은 감당할 수 없습니다. 그래서 예수님은 제자들에게 "지금은 내가 다 보여주어도 너희가 감당할 수 없다"라고 말씀하시는 것입니다.

그러나 성령이 오시면 달라집니다. 성령이 오면 제자들을 진리 가운데로 인도하여 그 안에서 모든 일을 다 보여주시겠다고 하십니다. 그때 그들도 알게 될 것이고 알더라도 주눅 들지 않는다는 것입니다. 성령님이 저들을 진리 가운데로 인도하실 것이기 때문입니다. 진리 가운데서 장래 일을 말해줄 것이며 예수님의 영광을 나타내 보여주실 것이기 때문입니다.

그렇다면 진리의 성령이 임했을 때 제자들은 어떠한 반응을 보여야 할까요? 성령이 인도하시는 그 진리의 중심을 따라가면 됩니다. 거기서 성령이 보여주시는 예수님의 영광을 보면 됩니다. 성령님은 제자들을 진리 가운데로 인도하고, 그로 인해 예수님의 영광을 나타내는 일을 하시기 때문입니다.

요한복음 14장 7절에서 예수님은 스스로 길이요 진리요 생명이라고 하셨습니다. 예수님이 곧 진리 자체라는 것입니다. 그러니까 제자들이 진리 가운데로 들어가면 당연히 예수님의 영광, 즉 예수님의 참모습을 볼 수밖에 없습니다.

이 부분을 강조하시려고 예수님은 진리 '가운데'(ἐν, before presence) 라는 단어를 썼습니다. 진리를 교리나 그분의 가르침으로 한정하지 않고 하나의 존재로 보는 것입니다. 또 '가운데'에는 중심부, 심장부 라는 뜻이 있습니다. 그렇다면 성령님은 진리의 심장부인 예수님의 임재 가운데로 인도하실 분이라는 의미입니다. 그 임재 안에서 성령님은 예수님의 영광을 드러낼 것입니다.

"가운데"에 담긴 두 가지 뜻으로 이 말씀을 해석해보면 결국 성령님은 제자들을 진리이신 예수님의 임재 속으로 인도하는 분이며 또한 그 임재 속에서 예수님의 영광을 드러내는 분이라고 할 수 있습니다. 이제 예수님은 떠나시지만 진리의 성령께서 제자들을 예수님의 임재 속으로 인도하기에 제자들은 공동체에 임한 예수님의 임재 안에서 그분의 영광을 지속적으로 보게 될 것을 약속합니다. 바로 성령을 통해 보게 된다는 것입니다.

◈

심장부를 지키는 싸움

진리의 성령이 오셔서 제자들을 예수님의 임재 가운데 인도하여 그분의 영광을 드러내신다면 그때 제자들은 성령님께 어떠한 반응을 보여야 할까요? 임재의 중심으로 인도할 때 따라가면 됩니다. 그곳에서 예수님의 영광을 나타낼 때 그 영광을 보고 함께 영광을 돌리면 됩니다. 그러한 믿음의 행위가 한마디로 예배입니다. 예수님의 임재 안에 예수님의 영광을 보고 그분 앞에 무릎 꿇는 것, 그것이 곧 예배의 본질입니다.

모든 전쟁은 심장부의 싸움입니다. 우리의 심장부는 지켜내고 적진의 심장부는 장악해야 합니다. 성령님은 지금 제자 공동체 안에서 어떤 일을 행하시는지 소개하고 있습니다. 영적전쟁이 치열하게 벌어지는 그때 성령님은 제자 공동체의 심장부에 제자들을 이끌고 진리의 심장부인 예수님의 임재로 들어갑니다. 예수님은 그 심장부에서 당신의 영광을 드러냅니다.

만일 교회가 그 심장부에서 예수님의 영광을 바라보며 신령과 진리의 예배를 드린다면 그때 하나님은 교회를 지켜주십니다. 즉, 교회가 예배로 영적 심장부를 지킬 때 하나님은 그 교회를 지켜주십니다.

요한복음의 연장선상에서 기록된 계시록을 보면 이 부분이 더 명확합니다. 예수님의 부활을 경험한 후 계시록의 저자 요한이 과거를 돌아보며 주님의 말씀을 다시 해석했을 때 말씀의 의미가 더욱 명확하게 드러났던 것입니다.

요한계시록에는 하늘 문이 네 번 열리는데 첫 번째로 하늘 문이 열리면서 어린양 예수가 하나님의 오른손에서 두루마리를 취하심으로 재창조 역사를 시작하십니다. 그리고 마지막 네 번째 하늘 문이 열리면서 새하늘과 새땅의 전체 풍경이 드러나는데 그 새하늘과 새땅의 중심에 앉아 있는 한 분의 모습을 보여주면서 계시록은 끝납니다. "다시 저주가 없으며 하나님과 그 어린양의 보좌가 그 가운데에 있으리니…"(계 22:3).

새하늘과 새땅의 중심에는 승리하신 어린양의 보좌가 있었던 것입니다. 역사의 심장부에는 어린양이 있었습니다. 만물의 심장부에도 어린양이 있었습니다. 이제 마지막 새하늘과 새땅의 심장부를 보아도 어린양이 있었다는 것입니다

이 역사와 만물과 새하늘과 새땅의 심장부에 계신 어린양을 향해 교회는 무엇을 해야 하는가가 첫 번째로 열린 하늘과 네 번째로 열린 하늘 사이에 담겨 있습니다. 그것이 바로 예배하는 교회의 모습입니다. 어린양을 향해 무려 일곱 번에 걸쳐서 예배하는 교회의 모습이 등장합니다. 일곱은 완전수입니다. 꽉 찬 숫자입니다. 꼭 예배를 일곱 번 드렸다기보다는 처음부터 마지막까지 예배로 꽉 찬 교회의 모습을 그리고 있습니다. 즉, 천상 교회는 예배로 시작해 예배로 마치는 "꽉 찬 예배" 공동체였습니다.

성령님은 오늘 우리에게도 말씀하십니다. 영적전쟁의 중심에 놓인 교회에게 요한계시록의 천상 교회처럼 예배하라고 촉구합니다. 우리가 예배하면 우리의 심장부는 안전합니다. 성령님이 그 심장부를 지키시기 때문입니다. 우리의 심장부가 지켜지면 이미 승리의 깃발은 올라간 것입니다.

"예배에 제 인생을 걸겠습니다"

저는 22살에 신학교에 입학하면서 한 작은 교회에서 2세 사역을 시작했습니다. 그리고 사역을 시작한 지 13년 만에 우여곡절 끝에 목사 안수를 받고 미주의 대표적인 이민 교회에서 부목사로 사역을

감당했습니다. 부목사로 부임한 지 1년 만에 교회 행정목사가 되어 처음으로 당회에 들어갔는데, 거기서 당회원들이 쌍욕을 하며 의자들고 싸우는 모습을 목격했습니다. 교회 일을 의논하는 자리에서 당회원끼리 싸우는 모습도 절망스러웠지만 그 자리에서 목회자가 아무것도 할 수 없다는 현실이 저로서는 더욱 큰 아픔이었습니다.

이 사건을 목격한 후 저는 거취 문제를 놓고 40일 작정기도를 시작했습니다. 40일이 끝나는 날 제가 13년 동안 2세들을 가르쳤던 처음 교회에서 저를 2대 담임목사로 청빙한다는 연락을 받았습니다. 청빙 소식을 듣고 기뻐해야 마땅했지만, 오히려 저는 더 깊은 고민에 빠졌습니다. 심지어 40일 기도한 것을 후회할 정도였습니다. 그 교회는 제가 정말 가고 싶지 않은 교회였기 때문입니다.

저를 청빙한 교회는 초대 담임목사님이 가족들과 함께 세운 가족 교회였습니다. 청빙 연락을 받았을 때 교회에는 장년 50여 명이 있었는데 그중 30여 명이 목사님의 친인척이었습니다. 1대 목사의 누님 남편이 교회 수석장로였습니다. 목사의 손아래 여동생의 남편도 장로였습니다. 그리고 막내 여동생의 남편이 막내 장로였고, 목사의 남동생은 교회 성가대 담당이었는데 나중에 그분도 목사 안수를 받았습니다. 교회 당회는 가족회의나 다름없었습니다. 바로 그 당회에서 저를 담임목사로 청빙 결의했던 것입니다.

자신이 없었습니다. 주변에서도 다 말렸습니다. 그런데 40일 작정 기도까지 했는데 어떻게 안 갑니까? 하나님 앞에 기도했기에 저는 할 수 없이 가기로 결정하고 다시 기도를 시작했습니다. 그리고 교회에 대해 뿌리부터 알고 싶어 당회원들과 만남의 시간을 마련했습니다. 그때 저는 이런 질문을 드렸습니다. "여러분이 가장 존경하는 사역자가 누구인가요? 왜 그분을 존경하십니까?"

함께 이야기하며 저는 그들의 신앙적 뿌리를 알게 되었습니다. 핍박을 피해 북한에서 남한에 내려온 분들이었는데 가족 가운데는 믿음을 지키려고 순교까지 하신 분이 있었습니다. 그런 가족사가 있으니 웬만한 목사는 그들 앞에 명함조차 내밀지 못했습니다.

어떤 장로는 주기철 목사님의 아들을 가장 존경하는데 그분이 자신의 유년부 주일학교 목사님이셨다고 합니다. 그분도 결국 33세의 젊은 나이에 순교를 당했습니다. 1대 목사님은 초등학교 때 신사참배를 반대하다 학교에서 퇴학을 당합니다. 어떤 권사님은 방모 장로를 존경하는데 일제 강점기 때 신사참배에 반대하다 손가락이 아작 났다고 하는 분이었습니다.

이처럼 한국 기독교 역사에서 자주 거론되는 훌륭한 목회자들을 모델로 삼고 있는 그분들 앞에 서른여섯 살의 부족한 제가 목회자가 된 것입니다. 제 손은 멀쩡합니다. 신앙 때문에 퇴학당한 적도 없습니다. 고문당한 적은 더욱이 없습니다. 복음 때문에 핍박을 당한 적도 없습니다. 핍박은커녕 예수님 때문에 불이익을 당해본 적도 없는 저였습니다.

그날 저는 밤잠을 이루지 못하고 하나님 앞에 머물 수밖에 없었습니다. 그러면서 하나님께서 제게 주신 마음을 노트에 적기 시작했습니다. 내가 죽어 삶 전체를 온전히 제물로 바치면 가능하겠다는 생각은 들었지만 아무리 생각해도 그렇게는 못할 것 같았습니다. 대학 청년부에서 활동하면서 아골 골짝 빈들까지 복음 들고 가겠다고 수없이 찬송했지만 아골 골짝은커녕 가까운 L. A. 다운타운까지 복음 들고 가본 적이 없었기 때문입니다.

제가 주저하자 하나님은 제게 문제를 내주셨습니다. "네 삶 전체를 제물로 바칠 수 없다면 네가 온전히 바치고 싶은 한 가지를 택하라."

그 말씀을 듣고서야 비로소 저는 헌신했습니다. "하나님, 다른 건 모르지만 예배를 위해서라면 제 삶을 제물로 바치겠습니다. 어린양 예수를 예배함으로 역사의 심장부, 창조의 심장부, 하나님 나라의 심장부를 지키겠습니다."

그렇게 저는 주일 예배를 위해 제 삶을 드렸습니다. 일주일 내내 예배를 위해 기도했습니다. 주일날 하나님 말씀을 올바로 전하고 싶어 최선을 다해 말씀을 준비했습니다. 금요일 저녁이면 제 방에 들어가 주일 예배에 서기까지 하나님 앞에 무릎을 꿇으며 먼저 나 자신을 예배자로 드렸습니다.

때로는 '설교를 잘하는' 목사가 되고 싶은 유혹도 있었습니다. 그러나 예배 때마다 성령님은 나에게 설교 잘하는 목사보다는 진리를 올바로 전하는 목사가 되라고 당부하셨습니다. 교회가 부흥되면서 그 자리에 나의 흔적을 남기고 싶은 유혹도 있었습니다. 그러나 예배를 드리면 성령님은 예수님의 영광을 보여주시며 십자가의 영광을 덧입는 목사가 되라고 당부하셨습니다.

하나님께서 그 예배를 받아주셨던 것 같습니다. 예배 때마다 그 좁은 공간에 사람들이 몰려들었습니다. 성령께서 부어주시는 은혜에 예배는 그야말로 감동의 도가니였습니다. 성도들은 매주 예배가 기다려진다고 했습니다. 주일 예배 때 처음 찬송으로 불렀던 '비전' 찬송을 부르면 공동체에는 감동이 밀려들었고, 흐느끼며 우는 분도 적지 않았습니다. 매주 새 성도들이 교회를 방문하는데, 한번 오면 떠나는 사람이 없을 정도로 부흥의 역사를 경험했습니다.

지금과 그날 사이에 일하시는 성령

셋째로, 성령님은 때에 관하여 말씀합니다.

예수님은 앞서 성령의 사역을 말씀하시면서 진리의 성령은 앞으로 제자들에게 장래 일을 알리실 것이라고 말씀합니다. "내가 아직도 너희에게 이를 것이 많으나 지금은 너희가 감당하지 못하리라 그러나 진리의 성령이 오시면 그가 너희를 모든 진리 가운데로 인도하시리니 그가 스스로 말하지 않고 오직 들은 것을 말하며 장래 일을 너희에게 알리시리라"(16:12~13).

16장 후반부에는 그 장래의 시간과 관련해 여러 표현을 사용하십니다. 16~19절 사이에는 임박한 장래를 알리는 "조금 있으면" 등의 표현이 일곱 번 등장합니다. 22~23절에는 종말의 긴장 상태를 드러내는 "지금", "그날에는" 등의 표현이 등장합니다. 24, 26절에서는 기도 응답을 약속하면서 또다시 종말의 긴장상태를 알리는 "지금까지는 … (그러나) 그날에는"이라는 표현이 등상합니다. 결론적으로 31~32절에는 종말의 때가 이미 도래했음을 알리는 "이제는 믿느냐", "때가 오나니 벌써 왔도다"라는 표현이 등장합니다.

"장래 일을 알리시리라" 말씀이 예언 사역을 의미한다고 보기는 어렵습니다. 즉 제자들의 사적인 삶의 영역에서 미래에 관한 일을 미리 알려준다는 뜻은 아닙니다. 16장 문맥에서 보면, 장래 일이란 예수님께서 지금까지 말씀해오신 '마지막 때'에 관한 것임을 알 수 있습니다. 예수님께서 이 땅에 오셔서 십자가와 부활을 통해 이루시고 성령을 통해 마지막에 완성하실 구속사의 전말을 일컬어 장래 일이라고 하시는 것입니다.

오늘날의 교회 관점으로 본다면 교회는 예수님의 부활 이후에 이미 얻었으나 아직은 오지 않은 구원의 완성 사이에 존재하는데 그 사이의 시간을 장래라고 말합니다. 그리고 그 사이에 구원의 완성을 향해 가는 구속의 전 과정을 통틀어 '장래 일'이라고 합니다. 그렇게 보면 장래 일은 십자가와 부활로 말미암아 이미 교회에게 허락해주신 구원은 물론, 아직은 도래하지 않았지만 마지막 때 교회가 맞이하게 될 구원의 완성까지의 전 과정을 포함합니다. 바로 그 장래 일을 이루실 분이 성령 하나님이라고 예수님은 강조하십니다. 하나님은 진리의 영인 성령님을 보내셔서, 이미 얻었으나 아직은 완성되지 않은 구원 사이에서 예수께서 시작하신 구원을 완성하신다고 약속하십니다.

성령 하나님은 장래에 구원의 완성을 어떻게 이루십니까? 마지막에 이루어질 사건을 미리 보여주심으로 이루십니다. 이미 얻었지만 아직은 완성되지 않은 구원을 향해 나아가는 교회 안에서 성령 하나님은 마지막에 교회가 맞이할 때를 보이십니다. 그리고 핍박과 환난을 받는 교회에게 보장된 승리를 보여줌으로 핍박과 환난을 견디어내라고 촉구합니다. 교회는 영의 눈을 떠서 보혜사 성령이 보여주시는 것을 함께 봄으로 영적전쟁에서 승리하여 구원의 완성을 선취적으로 경험합니다.

예수님이 품으신 큰 그림

영적전쟁에서 성령이 때에 관하여 하시는 일에 대해 예수님은 자신의 여정을 들어 말씀하십니다. 즉 자신의 수난, 십자가, 부활로 이어지는 구속 여정에 성령께서 어떻게 소망을 보여주시는가를 보여주십니다.

조금 있으면 너희가 나를 보지 못하겠고 또 조금 있으면 나를 보리라 하시니 제자 중에서 서로 말하되 우리에게 말씀하신 바 조금 있으면 나를 보지 못하겠고 또 조금 있으면 나를 보리라 하시며 또 내가 아버지께로 감이라 하신 것이 무슨 말씀이냐 하고 또 말하되 조금 있으면이라 하신 말씀이 무슨 말씀이냐 무엇을 말씀하시는지 알지 못하노라 하거늘 예수께서 그 묻고자 함을 아시고 이르시되 내 말이 조금 있으면 나를 보지 못하겠고 또 조금 있으면 나를 보리라 하므로 서로 문의하느냐 내가 진실로 진실로 너희에게 이르노니 너희는 곡하고 애통하겠으나 세상은 기뻐하리라 너희는 근심하겠으나 너희 근심이 도리어 기쁨이 되리라 여자가 해산하게 되면 그 때가 이르렀으므로 근심하나 아기를 낳으면 세상에 사람 난 기쁨으로 말미암아 그 고통을 다시 기억하지 아니하느니라 지금은 너희가 근심하나 내가 다시 너희를 보리니 너희 마음이 기쁠 것이요 너희 기쁨을 빼앗을 자가 없으리라(요 16:16~22).

예수님은 제자들에게 "조금 있으면 너희가 나를 보지 못하겠고 또 조금 있으면 나를 보리라" 하고 말씀하셨습니다. 앞으로 자신이 짊어지실 십자가와 그 후에 일어날 부활 사건을 염두에 두신 말씀입니다. 그렇게 보면 "조금 있으면 너희가 나를 보지 못한다"라는 의미는 예수님이 십자가에 죽임을 당하심으로 제자들이 3일 동안 주님을 보지 못하게 된다는 의미입니다. 또 이어지는 "또 조금 있으면 나를 보리라"는 말씀은 예수님께서 십자가에 죽었다가 3일 만에 부활하신다는 의미입니다.

얼핏 보면 예수님은 자신의 십자가를 보며 절망에 빠져 있을 제자들의 마음을 다독이시는 것처럼 들립니다. 그러나 한걸음 더 들어가 생각해보면 사실 이 말씀은 눈앞으로 다가온 자신의 마지막 시간을 보며 예수께서 각오를 다지는 말씀입니다.

어차피 십자가 죽음과 이어지는 부활 사건은 제자들의 이해와 상상을 벗어난 영역에서 벌어질 일입니다. 십자가에 관해서는 어느 정도 감을 잡고 있었던 것 같지만 부활하여 그들에게 나타나신다는 것은 어느 제자도 상상하지 못했습니다. 제자들에게 십자가와 부활 이야기를 해도 그들은 이해하지 못한다는 사실을 예수님도 잘 아셨습니다.

그러므로 예수님은 지금 자신에게 말씀하십니다. 그 십자가는 당신께서 감당하실 구속사적 사명의 끝이 아니라는 것입니다. 십자가 이후에는 자신의 부활로 세상에 새롭게 시작될 새 창조의 역사가 기다리고 있음을 아셨습니다. 때문에 십자가의 고난 이후에 자신이 경험하게 될 부활 영광을 바라보며 십자가의 길을 가겠다고 다짐하십니다. 부활의 소망을 바라보며 십자가로 향하는 그 심정은 한 생명의 탄생을 고대하며 해산의 진통을 마다하지 않는 산모의 심정과 다르지 않습니다.

어린아이가 세상에 태어날 때 산모의 고통은 이루 말할 수 없습니다. 요즘은 부분 마취로 큰 고통 없이도 아이를 출산할 수 있지만 당시에는 산모가 목숨을 내어놓을 정도로 해산의 고통을 겪어야 했습니다. 대부분의 산모는 말할 수 없는 이 고통을 결국 이겨냅니다. 자신이 품은 한 생명이 세상에 탄생하리라는 소망 때문에 이것이 가능합니다. 한 생명의 탄생으로 그들이 경험할 기쁨 덕분에 해산의 고통을 이겨낼 수 있습니다.

자신의 십자가와 부활 사건이 이와 같다는 것을 예수님은 세례를 받으실 때 이미 알고 계셨습니다.

이튿날 요한이 예수께서 자기에게 나아오심을 보고 이르되 보라 세상 죄를 지고 가는 하나님의 어린양이로다 … 요한이 또 증언하여 이르되 내가 보매 성령이 비둘기같이 하늘로부터 내려와서 그의 위에 머물렀더라 나도 그를 알지 못하였으나 나를 보내어 물로 세례를 베풀라 하신 그이가 나에게 말씀하시되 성령이 내려서 누구 위에든지 머무는 것을 보거든 그가 곧 성령으로 세례를 베푸는 이인 줄 알라 하셨기에 내가 보고 그가 하나님의 아들이심을 증언하였노라 하니라(요 1:29, 32~34).

예수님의 세례식 때 벌어진 사건에 대한 세례 요한의 증언입니다. 예수께서 십자가에 어린양으로 죽임당할 것을 알고 그분을 "세상 죄를 지고 가는 하나님의 어린양"이라고 선포합니다. 하지만 그렇게 연약하게 십자가에 죽임당할 예수님은 곧 "하나님의 아들"이된다고 말합니다. 여기에서 "하나님의 아들"이라는 표현은 시편 2편에서 세상을 통치할 메시아의 도래를 예언하면서 나왔습니다. 그러므로 이 호칭은 부활 이후에 심판주로 등극될 자신을 가리키며 사용하신 호칭입니다. 세례 요한은 성령이 위로부터 내려와 예수님 위에 머무는 장면을 보면서 이 엄청난 사실을 알게 되었다고 고백합니다.

성령님은 예수께서 세례받는 때부터 임하여, 마지막 소명인 십자가 죽음과 그 이후에 하나님 아들로서 등극하실 마지막 그림까지 보여주었습니다. 예수님은 이 그림을 늘 간직하셨을 것입니다.

그리고 이제 그 마지막 날이 온 것입니다. 조금 있으면 예수님은 인간의 죄로 인해 모든 피조 세계에 들어온 우주적 고통을 담당한 채로 십자가에서 가장 고통스럽게 죽으셔야 합니다. 그 고통은 전 인류와 만물의 고통을 자기 존재에 다 짊어져야 하는 그야말로 총체적인 고통입니다. 그러나 예수님은 십자가 이후에 맞이할 자신의 부활은 물론, 그로 인해 맺힐 셀 수 없는 부활의 생명을 바라보며 그 고통을 마다하지 않으십니다. 십자가라는 해산의 고통이 있지만 이어지는 부활 생명의 탄생이라는 소망이 있기 때문입니다.

성령이 우리의 보증이 되시기에

자신의 구속 사역에 임할 성령의 역할을 말씀하신 예수님은 이제 교회의 구속 사역에서 보이실 성령의 역할에 대해 말씀하십니다.

예수님은 수난, 십자가, 부활로 이어지는 구속의 여정을 걸어가 셨습니다. 그렇다면 예수님을 따라간다는 모든 교회도 예수님의 구속 여정을 함께 가야만 합니다. 이 과정을 거치지 않고는 마지막 승리를 경험할 수 없기 때문입니다.

그러나 한 가지 다른 것이 있는데, 예수님은 십자가를 통한 부활을 고대했다면, 교회는 역사 속에 이미 이루어진 예수님의 부활 덕분에 자신의 부활도 보장되었음을 믿어 십자가를 의지했다는 것입니다. 예수님이 십자가의 고난을 통과한 후 부활의 승리를 만끽했다면, 교회는 이미 도래한 예수님의 부활로 자신의 승리도 보장되어 있다는 사실로 기뻐하며 십자가의 길을 걸어갈 수 있습니다.

> 이것을 너희에게 이르는 것은 너희로 내 안에서 평안을 누리게
> 하려 함이라 세상에서는 너희가 환난을 당하나 담대하라 내가
> 세상을 이기었노라(16:33).

이미 이루어진 예수님의 부활이 있기에 우리의 부활도 반드시 이루어진다는 약속이 이 선포 속에 함축되어 있습니다. "너희가 세상을 이길 것이다"가 아닙니다. 예수님이 이미 이기셨다고 말합니다. 예수님께서 죽으시고 부활하신 사건이 구속 역사에서 얼마나 획기적인 사건인지를 보여줍니다. 예수의 부활 사건은 그의 부활을 믿는 모든 교회의 마지막 운명도 이미 결정지어 놓았습니다. 예수님의 부활로 교회는 반드시 승리하게 될 것을 보장받았습니다. 교회의 마지막 승리에 대한 보증수표가 바로 예수님께서 교회에 허락하신 보혜사 성령입니다.

그러므로 보혜사 성령님은 오늘도 우리 안에 계셔서 이렇게 말씀하시는 듯합니다. "예수의 부활로 너희는 저 승리의 자리에 이미 예수와 함께 섰다. 그 사실에 내가 너희의 보증이다." 바로 성령이 우리의 마지막 승리의 보증이기에 교회는 환난 속에서 예수님의 평강을 누리며 담대할 수 있습니다. 때로는 믿음이 흔들릴 때도 있습니다. 그러나 이 영적 싸움은 예수님께서 이미 이겨 놓으신 싸움이기에 우리는 증거하시는 성령을 붙들고 다시 일어섭니다. 우리가 밀릴 때도 있고 또 승기를 잡을 때도 있습니다. 밀린다고 좌절하거나 승기를 잡았다고 지나치게 흥분할 필요도 없습니다. 궁극적인 승리가 우리를 기다리고 있기 때문입니다.

종말의 때를 보여주는 성령께 교회가 어떠한 반응을 보여야 할지 분명해졌습니다. 교회는 영적인 눈을 떠서 성령이 보여주시는 마지막 승리의 그림을 보아야 합니다. 그 마지막 그림을 보고 살아간다면 모든 여정은 결국 재방송임을 알게 됩니다.

2010년에 한국에서 집회를 하면서 이탈리아와의 축구경기를 본 적이 있습니다. 약 100명 정도 모이는 식당이었습니다. 전반전이 시작되자마자 한국은 어이없이 헤딩골을 허용해 1대 0이 되고 말았습니다. 그런데 참 이상했습니다. 한 골을 먹었는데 이 광경을 보는 시청자들의 표정이 덤덤합니다. 전반전은 1대 0으로 끝났습니다. 승부는 거의 끝났다고 생각했습니다. 한국은 이탈리아의 강력한 수비진을 뚫을 수 없을 것 같았습니다. 그런데 예상과는 달리 후반전을 약 10분 정도 남겨두고 기적적으로 한 골을 넣어 동점으로 경기를 끝낼 수 있었습니다. 경기 종료를 코앞에 두고 동점골을 터뜨렸는데, 아무도 소리 지르거나 박수치는 사람이 없었습니다.

경기는 연장전에 돌입했습니다. 연장전이 시작되면서 한국의 공격수들이 적의 수비진을 교란하더니 헤딩으로 골든골을 터뜨려 2대 1로 강호 이탈리아를 꺾었습니다. 선수와 관중은 축제 분위기입니다. 반지 세러머니하며 서로 얼싸안고 함성을 지르고 박수를 치는데 그날 경기를 함께 보던 시청자들은 덤덤하기만 했습니다. 고개를 끄덕이며 "그러면 그렇지. 이길 경기 이겼네" 하는 것입니다.

왜 그런 반응이 나왔을까요? 맞습니다. 이 경기는 재방송이었습니다. 2002년 월드컵에서 이미 이긴 경기였습니다. 이미 이긴 경기를 보니까 한 골 먹어도 괜찮습니다. 결국은 승리할 것을 알기에 그렇습니다. 성령이 보여주시는 마지막 시대 관점으로 산다는 의미가 이것입니다. 우리 여정은 전부 재방송이라는 것입니다. 오늘 교회가 걸어가는 핍박과 환난의 과정은 어제 예수님께서 이기신 마지막 승리를 향해 가는 여정의 재방송에 불과합니다. 내일 교회에 보장된 부활은 이미 어제 이루어진 사건처럼 분명하기 때문에 오늘 벌어지는 모든 사건은 이미 끝난 게임의 재방송을 보는 것과 다름없다는 것입니다.

예수님만 부활하신 게 아닙니다. 누구든지 예수 안에 있는 자들도 반드시 부활하게 될 것을 보장하셨습니다. "너희가 반드시 부활할 것을 내가 보증한다." 주님이 보증수표를 끊어주셨어요. 그 보증수표가 바로 우리 안에 계시는 성령님입니다.

고난의 길을 걸어가는 우리에게 단지 심리적인 안도감을 주기 위해 하시는 말씀이 아닙니다. 성령님은 우리에게 다가오는 마지막 부활 사건의 보증수표입니다. 성령이 우리 안에 살아 역사하는 한 우리의 심리 상태와 상관없이 부활은 우리에게 이미 이루어진 사건이나 다름없습니다. 그래서 보혜사 성령은 오늘도 계속 마지막 그림을 보여주시며 교회에 촉구하십니다. "너희도 예수님처럼 반드시 부활할 것이다. 교회는 반드시 승리할 것이다. 모든 성도는 온전히 회복될 것이다."

그래서 우리 인생은 이미 이긴 경기를 재방송으로 다시 보는 것과도 같습니다. 한골 먹을 수도 있지만 비명을 지르지는 않습니다. 궁극적인 승리가 우리를 기다린다는 사실을 성령님이 보증하기 때문입니다. 바울은 우리의 부활을 이렇게 표현하면서 이 보증수표의 확실함을 확인해줍니다.

하나님이 미리 아신 자들을 또한 그 아들의 형상을 본받게 하기 위하여 미리 정하셨으니 이는 그로 많은 형제 중에서 맏아들이 되게 하려 하심이니라 또 미리 정하신 그들을 또한 부르시고 부르신 그들을 또한 의롭다 하시고 의롭다 하신 그들을 또한 영화롭게 하셨느니라(롬 8:29~30).

여기에 나오는 동사는 전부 부정과거(aorist)형으로 되어 있습니다. 다른 동사는 문제없지만 마지막의 "영화롭게 하셨느니라"를 과거형으로 사용한 것은 좀 이상합니다. 로마서 8장 맥락에서 영화롭게 되었다는 의미는 육체적인 부활을 의미하기 때문입니다. 아직 이루어지지 않은 미래 사건인데 바울은 이 부분에서 과거형을 사용합니다.

하지만 바울이 실수로 그렇게 한 게 아닙니다. 성경은 미래에 이루어질 사건이지만 반드시 이루어진다고 보장된 사건은 미래형을 쓰지 않고 과거형을 종종 씁니다. 즉, 예수님의 십자가와 부활로 예수 안에 있는 모든 성도는 반드시 부활하게 된다는 의미입니다. 이 사실이 너무도 분명하기에 바울은 믿는 자들의 부활을 "영화롭게 하셨느니라"라는 부정과거형으로 표현했습니다. 부활은 이미 이루어진 사건이라고 보았습니다. 성도들의 마지막 육체적 부활은 성령님이 보증수표가 되어서 보장하신 사건이기에 그렇습니다.

성령님은 오늘도 교회가 환난 중에 당하는 모든 고난은 전부 재방송이라는 사실을 보여주십니다. 우리는 영의 눈을 떠서 그 사실을 보면 됩니다. 이 모든 게 재방송임을 보는 자들은 환난 중에도 담대할 수 있습니다.

미리 경험하는 축복

저는 이런 질문을 종종 받습니다. "아픈 아내와 20년을 함께 살면서 그냥 버티기만 했나요? 그 사이에 회복의 조짐은 없었는지요?" 당연히 없었습니다. 조짐은 없었는데, 회복의 말씀은 있었습니다.

어느 날, 하나님이 저에게 묘한 말씀을 주셨습니다. "내가 채찍에 맞음으로 나음을 입었다"는 말씀이었습니다. 미래에 그렇게 된다가 아니고 예수님께서 채찍에 맞으심으로 이미 아내도 나음을 입었다는 것이었습니다. 믿음은 바라는 것들의 실상이라고 했는데 바라는 미래가 현재의 실상으로 나타났다는 것입니다. 그때 저는 아내의 현재 건강 상태가 아닌 하나님의 말씀을 붙들었습니다. 치유의 조짐은 전혀 보이지 않았지만 그날 저는 내일의 치유를 어제 이루어진 실제 사건인 것처럼 붙들었습니다. 그리고 믿음으로 붙든 그 말씀을 선포하기 시작했습니다.

물론 그런다고 아내의 병이 바로 낫지는 않았습니다. 하지만 달라진 점은 있었습니다. 장기 환자 주변에는 환자의 분위기라는 게 있습니다. 집에 들어가 보면 마치 미세먼지 낀 날씨 같습니다. 어둡고, 우울하고, 모든 게 무겁게만 느껴지는 분위기입니다. 그런데 그러한 부정적인 영적 분위기가 내게 주신 말씀을 믿음으로 선포하기 시작했을 때 떠나가는 것을 경험했습니다. 그때부터 저는 중보기도와 함께 선포 기도를 하기 시작했습니다. 그리고 몇 년 후에 저는 회복을 맛볼 수 있었습니다.

저는 아내가 자리에서 일어난 순간에만 아내의 회복을 경험한 게 아니었습니다. 오래전에 마음에 임한 말씀을 실상으로 붙들고 선포하기 시작했을 때 이미 경험했습니다. 성령님은 말씀을 붙드는 그 순간부터 회복을 미리 당겨 경험하도록 축복을 허락하셨습니다.

기도 응답의 정점에 있는 것

이제 가장 중요한 한 가지가 남았습니다. 성령 뒤에 숨는 것도 중요하고 성령이 이끄시는 중심으로 들어가는 것도 중요하고 성령이 보여주시는 것을 보는 일도 중요합니다. 그러나 이 모든 것은 우리가 그 성령을 받아들여야만 이루어지는 일입니다. 우리 안에 성령이 내주하시고 우리 가운데 운행하셔야 성령이 우리 편이 되셔서 싸우실 것 아닙니까?

우리는 어떻게 성령을 받을 수 있습니까? 기도함으로써 가능합니다. 주님의 이름으로 기도하는 것입니다(16:23~24). 예수님은 임박한 종말 상황에서 지금까지 한 번도 경험하지 못한 획기적인 변화를 경험할 텐데 그것으로 기도 응답을 받게 된다고 약속하십니다.

그러면 우리 안에 이런 질문이 떠오릅니다. "기도 응답을 받는 사건을 왜 과거가 아니라 '그날'(종말)에 이루어질 사건이라고 하는 건가요?" 본문은 이 질문에 답합니다. 기도 응답으로 받게 되는 깃은 다름 아닌 보혜사 성령이시기 때문입니다.

그날에는 너희가 아무것도 내게 묻지 아니하리라 내가 진실로 진실로 너희에게 이르노니 너희가 무엇이든지 아버지께 구하는 것을 내 이름으로 주시리라 지금까지는 너희가 내 이름으로 아무것도 구하지 아니하였으나 구하라 그리하면 받으리니 너희 기쁨이 충만하리라(16:23~24).

"그날에는." 이 구절이 암시하듯 종말의 상황이 임박했습니다. 그때 예수님은 제자들에게 자신의 이름으로 기도하라고 말씀합니다. 예수님의 이름으로 기도할 때 하나님께서 응답하실 것이고, 기도한 자들에게는 기쁨이 따라온다고 합니다. 이 말씀에서 기도 응답으로 성령을 주신다는 이야기가 어디 나옵니까? 본문에서는 기도 응답으로 기쁨이 충만해진다고 했지 성령의 충만을 말씀하지는 않습니다.

그러나 문맥을 보면 기도 응답으로 기쁨이 충만해지는 사건은 곧 기도 응답으로 성령을 받는 사건과 동일한 것일 수밖에 없습니다. 16절 이후 문맥을 보면 이 기쁨은 우리가 일상에서 경험하는 어떤 심리적 상태에서 나오는 것이 아닙니다. 이 기쁨은 예수님 대신 예수님의 이름으로 오실 그분이 제자들 안에 영원히 거하기 때문에 오는 기쁨입니다. 즉, 성령님이 오셔서 제자들 안에 거하신 결과로 따라오는 기쁨입니다.

조금 있으면 너희가 나를 보지 못하겠고 또 조금 있으면 나를 보리라 하시니 제자 중에서 서로 말하되 우리에게 말씀하신 바 조금 있으면 나를 보지 못하겠고 또 조금 있으면 나를 보리라 하시며 또 내가 아버지께로 감이라 하신 것이 무슨 말씀이냐 하고 또 말하되 조금 있으면이라 하신 말씀이 무슨 말씀이냐 무엇을 말씀하시는지 알지 못하노라 하거늘 예수께서 그 묻고자 함을 아시고 이르시되 내 말이 조금 있으면 나를 보지 못하겠고 또 조금 있으면 나를 보리라 하므로 서로 문의하느냐 내가 진실로 진실로 너희에게 이르노니 너희는 곡하고 애통하겠으나 세상은 기뻐하리라 너희는 근심하겠으나 너희 근심이 도리어 기쁨이 되리라 (16:16~20).

제자들은 지금 예수님이 떠나시기에 슬퍼하고 있습니다. 예수님은 다시 오면 저들의 슬픔이 기쁨으로 변할 것이라고 말씀하셨습니다. 그런데 약속하신 대로 예수님이 부활의 몸으로 제자들에게 나타나셨지만 그들은 기뻐하지 못합니다. 특히 도마는 여전히 부활하신 예수님에 대해 회의적입니다.

그렇다면 예수님이 다시 오실 때 저들이 기뻐한다는 약속은 언제 이루어지는 것일까요? 예수님께서 승천하시기 직전에 제자들에게 성령을 주셨을 때 비로소 저들은 충만한 기쁨을 경험합니다. 성령이 임함으로 저들은 고아가 아닌 하나님의 자녀로 아버지와의 친밀한 관계 속에서 살게 되었음을 깨달았기 때문입니다.

이와 같이 그날에 예수님께서 주실 기도 응답의 핵심은 곧 성령입니다. 누가복음은 이 부분을 좀 더 명확하게 조명합니다. 본문 자체가 명확하게 이 부분을 드러냅니다.

예수께서 한 곳에서 기도하시고 마치시매 제자 중 하나가 여짜오되 주여 요한이 자기 제자들에게 기도를 가르친 것과 같이 우리에게도 가르쳐 주옵소서 예수께서 이르시되 너희는 기도할 때에 이렇게 하라 아버지여 이름이 거룩히 여김을 받으시오며 나라가 임하시오며 우리에게 날마다 일용할 양식을 주시옵고 우리가 우리에게 죄 지은 모든 사람을 용서하오니 우리 죄도 사하여 주시옵고 우리를 시험에 들게 하지 마시옵소서 하라

또 이르시되 너희 중에 누가 벗이 있는데 밤중에 그에게 가서 말하기를 벗이여 떡 세 덩이를 내게 꾸어달라 내 벗이 여행중에 내게 왔으나 내가 먹일 것이 없노라 하면 그가 안에서 대답하여 이르되 나를 괴롭게 하지 말라 문이 이미 닫혔고 아이들이 나와 함께 침실에 누웠으니 일어나 네게 줄 수가 없노라 하겠느냐 내가 너희에게 말하노니 비록 벗 됨으로 인하여서는 일어나서 주지 아니할지라도 그 간청함을 인하여 일어나 그 요구대로 주리라

내가 또 너희에게 이르노니 구하라 그러면 너희에게 주실 것이요 찾으라 그러면 찾아낼 것이요 문을 두드리라 그러면 너희에게 열릴 것이니 구하는 이마다 받을 것이요 찾는 이는 찾아낼 것이요 두드리는 이에게는 열릴 것이니라 너희 중에 아버지 된 자로서 누가 아들이 생선을 달라 하는데 생선 대신에 뱀을 주며 알을 달라 하는데 전갈을 주겠느냐 너희가 악할지라도 좋은 것을 자식에게 줄 줄 알거든 하물며 너희 하늘 아버지께서 구하는 자에게 성령을 주시지 않겠느냐 하시니라(눅 11:1~13).

예수님은 본문에서 우리가 당신의 이름으로 기도하면 기도한 대로 응답받는 기쁨을 경험할 수 있다고 합니다. 어떻게 우리가 기도한 내용 전체를 응답받게 됩니까? 우리가 성령을 받는다면 기도한 전부를 응답받는 것과 다르지 않다는 것입니다.

어떤 고아가 자신의 필요를 날마다 고아원 원장에게 가서 간청했습니다. 본래 사랑이 넘치는 원장은 고아의 간청 대부분을 들어주었지만 전부를 들어줄 수는 없었습니다. 그런데 그 고아원을 운영하는 이사장은 사회적으로 꽤 알려진 덕망 있는 사업가였습니다. 그에게는 자녀가 없었는데, 어느 날 그 고아를 불쌍히 여겨 자신의 양자로 맞아들였습니다. 고아는 자신에게 모든 것을 줄 수 있는 분과 양자 관계가 맺어진 것입니다. 자기가 간구하는 것을 다 줄 수 있는 분의 상속자가 되었기에 이제 자신의 모든 간구를 이미 응답받은 것이나 다름없습니다.

삼위 하나님의 충만한 은혜와 진리를 그대로 지닌 성령님이 우리 가운데 거하신다는 응답을 받는다면 우리 간구를 다 응답받는 것 이상으로 이미 받은 것이나 다름없습니다. 그러므로 제자들이 기도하면 기쁨이 충만해진다는 의미는 성령이 제자들 가운데 거하심으로 더 이상 고아로 남아 있지 않아도 된다는 의미입니다. 이제는 하늘과 땅의 모든 것을 소유하신 아버지의 상속자로서 하나님께서 주시는 모든 것을 다 누리게 되었습니다. 이 모든 기도 응답의 축복은 성령 때문에 가능합니다.

하지만 이 기도에는 한 가지 조건이 있습니다. 반드시 예수님의 이름으로 기도해야 한다는 사실입니다. 예수님의 이름을 주술처럼 여기라는 뜻일까요? 예수님의 이름을 소리로 표현하지 않으면 응답은 없다는 것일까요? 그다음 구절에서 예수님은 이 말씀의 뜻을 설명해주십니다.

그날에 너희가 내 이름으로 구할 것이요 내가 너희를 위하여 아 버지께 구하겠다 하는 말이 아니니 이는 너희가 나를 사랑하고 또 내가 하나님께로부터 온 줄 믿었으므로 아버지께서 친히 너 희를 사랑하심이라(16:26~27).

예수님의 이름으로 기도한다는 말은 바로 예수님을 사랑한다 는 것입니다. 예수님 한 분만 사랑하는 것입니다. 예수님 한 분만을 사랑하는 마음을 담아 기도하는 것이 예수님의 이름으로 기도하는 것입니다. 그렇게 기도하면 성령 충만을 받게 됩니다.

왜 우리가 성령 충만을 받지 못하는가? 예수님 한 분만 사랑하 지 않기 때문입니다. 우리에게 사랑의 대상이 너무 많기 때문입니 다. 요한복음 7장 37~38절에서도 이렇게 말씀합니다. "명절 끝날 곧 큰 날에 예수께서 서서 외쳐 이르시되 누구든지 목마르거든 내게로 와서 마시라 나를 믿는 자는 성경에 이름과 같이 그 배에서 생수의 강이 흘러나오리라."

강조점이 "나를 믿는 자"입니다. 예수 한 분만 믿는 자입니다. 즉, 예수로 충만하면 성령으로 충만해지는 것입니다. 성령 충만하지 못한 까닭은 예수로 충만하지 못하기 때문입니다. 예수로 충만하지 못한 까닭은 예수 외에 다른 것에 목말라 있기 때문입니다. 예수 말고 돈에 목마르고, 명예에 목마르고, 세상 재미에 목마르기 때문에 그렇습니다. 예수님 한 분에게만 목말라야 합니다. 그러면 우리는 지금이라도 당장 성령 충만을 받을 수 있습니다.

제가 아는 어떤 청년이 있습니다. 모든 자매에게 선망의 대상이 되는 청년입니다. 외모도 뛰어나고 재주도 많고 게다가 스펙도 대단합니다. 이 형제는 자연히 여러 자매들과 데이트를 했습니다. 어떤 때는 한 달에 10명 이상을 만나기도 했습니다. 이 형제를 부러워하는 후배들이 어느 날 제게 찾아와 이렇게 말했습니다. "목사님, 저 형을 보면 정말 여자로 충만한 사람이에요. 나도 저렇게 여자로 충만하면 좋겠어요."

제가 이렇게 답했습니다. "그 친구는 여자로 충만한 게 아닌 것 같다. 여러 여자와 데이트를 해야 만족할 수 있는 그 친구는 여자로 충만한 게 아니고 오히려 여자가 결핍된 것이지 않을까? 그래서 그 결핍을 채우려고 많은 여자를 만나는 것이고. 여자로 충만하다는 것은, 한 여자만 바라보고 한 여자만 사랑하는 것이지."

성령 충만도 마찬가지입니다. 성령 충만은 곧 예수 충만입니다. 예수 한 분만 바라보고, 예수 한 분만 사랑하면 성령으로 충만해집니다. 예수님 한 분에 대한 사랑을 담아 예수님의 이름으로 기도하면 우리에게 가장 좋은 것으로 주시는 아버지께서 성령을 주실 줄 믿습니다.

6장   대제사장의 기도:
      제물, 제사장, 지성소

1 예수께서 이 말씀을 하시고 눈을 들어 하늘을 우러러 이르시되
아버지여 때가 이르렀사오니 아들을 영화롭게 하사
아들로 아버지를 영화롭게 하게 하옵소서

2 아버지께서 아들에게 주신 모든 사람에게
영생을 주게 하시려고 만민을 다스리는 권세를
아들에게 주셨음이로소이다

3 영생은 곧 유일하신 참 하나님과
그가 보내신 자 예수 그리스도를 아는 것이니이다

4 아버지께서 내게 하라고 주신 일을 내가 이루어
아버지를 이 세상에서 영화롭게 하였사오니

5 아버지여 창세전에 내가 아버지와 함께 가졌던 영화로써
지금도 아버지와 함께 나를 영화롭게 하옵소서

9 내가 그들을 위하여 비옵나니 내가 비옵는 것은
세상을 위함이 아니요 내게 주신 자들을 위함이니이다
그들은 아버지의 것이로소이다

10 내 것은 다 아버지의 것이요 아버지의 것은 내 것이온데
내가 그들로 말미암아 영광을 받았나이다

11 나는 세상에 더 있지 아니하오나 그들은 세상에 있사옵고
나는 아버지께로 가옵나니 거룩하신 아버지여
내게 주신 아버지의 이름으로 그들을 보전하사
우리와 같이 그들도 하나가 되게 하옵소서

14 내가 아버지의 말씀을 그들에게 주었사오매
세상이 그들을 미워하였사오니 이는 내가 세상에 속하지 아니함 같이
그들도 세상에 속하지 아니함으로 인함이니이다

15 내가 비옵는 것은 그들을 세상에서 데려가시기를 위함이 아니요

다만 악에 빠지지 않게 보전하시기를 위함이니이다

16 내가 세상에 속하지 아니함 같이
그들도 세상에 속하지 아니하였사옵나이다

17 그들을 진리로 거룩하게 하옵소서
아버지의 말씀은 진리니이다

18 아버지께서 나를 세상에 보내신 것 같이
나도 그들을 세상에 보내었고

19 또 그들을 위하여 내가 나를 거룩하게 하오니
이는 그들도 진리로 거룩함을 얻게 하려 함이니이다

20 내가 비옵는 것은 이 사람들만 위함이 아니요
또 그들의 말로 말미암아 나를 믿는 사람들도 위함이니

21 아버지여, 아버지께서 내 안에, 내가 아버지 안에 있는 것 같이
그들도 다 하나가 되어 우리 안에 있게 하사
세상으로 아버지께서 나를 보내신 것을 믿게 하옵소서

22 내게 주신 영광을 내가 그들에게 주었사오니
이는 우리가 하나가 된 것 같이
그들도 하나가 되게 하려 함이니이다

요 17:1~5, 9~11, 14~22

몇 년 전 차마고도를 따라 티베트의 한 도시를 향해 가던 때였습니다. 그때 저는 길 양옆에서 오체투지라는 의식을 행하며 라싸를 향해 가고 있는 순례 행렬을 보았습니다. 마른풀마저 삼켜버린 꽁꽁 얼어붙은 대지 위에서 순례자들은 이마와 팔꿈치 그리고 무릎이 땅에 닿을 정도로 바짝 엎드리며 신의 도시라 불리는 라싸를 향해 절을 합니다. 절을 마치면 몸을 일으킨 후 자신의 키만큼 걸어갑니다. 그리고 같은 동작으로 라싸를 향해 절하기를 반복하면서 수백 혹은 수천 킬로미터의 길을 갑니다. 그날따라 해발 4000미터 티베트 고원에 부는 바람은 유난히도 강했습니다. 거세게 몰아치는 혹한의 바람소리가 제 양쪽 귀를 거세게 때렸습니다. 그러다 가끔 바람이 잠시 멈추는 순간이 있습니다. 그러면 영혼의 귀에 신음소리 같은 것이 어김없이 들려왔습니다. 온 몸을 땅에 박으며 절을 한 후 몸을 일으킬 때마다 입에서 세차게 뿜어 나오는 입김과 함께 들려오는 저들의 염불소리였습니다. 죽음의 멍에를 홀로 지겠다고 이 고난의 길을 걸어가면서도 저들은 누군가에게 기도하고 있었던 것입니다.

저는 속으로 물었습니다. 자신의 몸을 대지에 내던지며 외쳐대는 저 기도는 과연 누구를 향한 것일까? 하늘로부터 불어오는 오는 마파람과 싸우며 길이 아닌 길을 가는 저들은 도대체 무엇을 위해 기도하는 것일까?

예수님 기도의 본질

북한을 방문하면 누구나 흔히 볼 수 있는 장면이 있습니다. 매일 아침 많은 북한 주민이 하루일과를 시작하기 전 김일성 부자의 동상을 찾아갑니다. 깨끗한 옷차림에 경건한 마음으로 김일성 동상을 향해 걸어가는 저들의 모습은 마치 저들만의 구별된 성소로 나아가는 예배자의 모습과 흡사합니다. 김일성 부자의 동상이 위치한 언덕은 저들만의 지성소였고 그 언덕 위를 올라갈 때마다 커다란 확성기에서 흘러나오는 김일성 가족에 대한 예찬과 찬가는 저들이 새벽마다 듣는 새벽예배 설교였습니다. 저들만의 지성소로 나아가 예배를 드리며 설교를 듣는 그 모습은 참 하나님을 예배한다고 자부하는 우리 모습보다 어찌 보면 더 진지하고 열정적으로 보였습니다. 저는 속으로 묻지 않을 수 없었습니다. 지도자를 향한 종교적 진지함과 열정은 과연 어디에서 온 것일까?

자본주의 사회에 사는 우리도 다르지 않습니다. 특히 세상에서 가장 많은 억만장자가 있다는 중국과 홍콩에서는 그 양상이 대단히 노골적입니다. 구정 연휴만 되면 티베트의 절간은 텅텅 빕니다. 적지 않은 승려들이 여러 기업의 초청을 받아 법회를 열어주기 위해 대도시로 떠났기 때문입니다. 그렇게 법회를 끝내고 돌아오면 엄청난 시주금이 사원으로 들어와 그 자금으로 또 한 해 사원이 운영된다고 하니 굳이 거부할 이유는 없을 것입니다.

홍콩 같은 첨단 도시에서 구정연휴 때만 되면 종종 벌어지는 이런 법회 풍경은 제게는 낯이 익습니다. 24년 동안 이민 목회를 하면서 새해가 되면 드렸던 40일 특별새벽기도회가 생각납니다. 한 해를 시작하며 가족의 건강, 자녀들의 아이비리그 대학 진학, 남편 사업의 성공, 그리고 교회 부흥을 위해 모든 이민 교회가 경쟁하듯 특별새벽기도회로 모였던 기억이 아직도 생생합니다. 그렇게 모여 기도한다고 하지만 만약 우리가 누구를 향해 기도하는지를 또렷하게 인식하지 못한다면 우리의 기도회조차 라마불교의 법회 수준으로 전락할지 모르겠다는 생각이 들었습니다.

이처럼 세상의 모든 종교의식에서 빼놓을 수 없는 한 가지가 있다면 바로 기도입니다. 그 대상이 누구이던 간에 종교성을 지닌 인간은 본질상 의식적으로든 무의식적으로든 기도하고 있습니다.

그렇다면 이런 질문이 생깁니다. 모든 종교가 나름 기도의 예전을 갖고 있다면 과연 다른 종교에서 하는 기도와 예수님이 가르치신 기도는 어떠한 차이가 있을까요? 주님이 가르치시는 기도의 본질은 무엇일까요? 예수님은 고별 메시지의 결론에 해당하는 17장에서 참다운 중보기도의 본을 보이십니다.

예수님의 기도는 구약에 나오는 두 가지 사건에 배경을 두고 있습니다.

첫째는, 야곱의 축복기도입니다. 이 기도는 이스라엘의 전통적인 축복기도의 모습을 띠고 있습니다. 창세기 49장에서 야곱이 열두 지파를 축복했던 것처럼 예수님은 자신의 죽음을 앞두고 열두 사도를 위해 기도하십니다. 이스라엘 열두 지파가 구약을 대표한다면 예수님의 열두 사도는 신약을 대표하는 성도입니다.

16장에서는 성령이 임하는 쪽이 새 이스라엘이 된다고 했습니다. 16장의 결론에서 성령님은 예수님의 손을 들어주심으로 예수님이 새 이스라엘이 되셨고, 과거 아브라함의 혈통으로 자신을 참 이스라엘이라고 자부했던 유대 지도자들은 세상에 속한 자들이 되었다고 말씀드렸습니다.

야곱이 죽기 전 열두 지파를 위해 축복기도를 했던 것처럼 이제 예수님은 새 이스라엘 공동체의 창조자로서 신약의 성도를 대표하는 열두 제자와 그들을 통해 당신을 믿게 될 모든 성도를 위해 중보하고 있습니다.

둘째는, 속죄일에 드리는 대제사장 기도입니다. 레위기 16장과 23장 26~32절에는 속죄일 의식이 기록되어 있습니다. 간단하게 요약하면, 지성소에 들어가기 전에 대제사장은 자신을 위해 제물을 바치고 이어서 자기 집안을 위해, 마지막으로 이스라엘 공동체 전체를 위해 제물을 바칩니다. 그리고 이어서 대제사장은 지성소에 들어가 자기와 집안과 이스라엘 온 회중을 위해 속죄를 구하는 기도를 합니다.

마찬가지로, 주님의 기도 역시 두 가지 내용을 담고 있습니다. 1~5절은 자신에 관한 기도이고 6~26절에서는 제자들과 그들의 말씀을 듣고 새롭게 시작할 새 이스라엘 공동체를 위해 중보기도하십니다.

예수께서 이 말씀을 하시고 눈을 들어 하늘을 우러러 이르시되 아버지여 때가 이르렀사오니 아들을 영화롭게 하사 아들로 아버지를 영화롭게 하게 하옵소서 아버지께서 아들에게 주신 모든 사람에게 영생을 주게 하시려고 만민을 다스리는 권세를 아들에게 주셨음이로소이다 영생은 곧 유일하신 참 하나님과 그가 보내신 자 예수 그리스도를 아는 것이니이다 아버지께서 내게 하라고 주신 일을 내가 이루어 아버지를 이 세상에서 영화롭게 하였사오니 아버지여 창세전에 내가 아버지와 함께 가졌던 영화로써 지금도 아버지와 함께 나를 영화롭게 하옵소서(17:1~5)

예수님은 자신을 위한 기도를 시작하면서 '때'가 되었음을 선포하십니다. "예수께서 이 말씀을 하시고 눈을 들어 하늘을 우러러 이르시되 아버지여 때가 이르렀사오니…"(1). 요한복음에서 말하는 '때'는 예수님이 십자가를 지시는 때입니다. 죽음의 때입니다. 예수님은 당시 서른세 살의 창창한 나이였습니다. 자연적으로는 아직 그 때가 오지 않았습니다. 그러나 하나님의 시간 속에서는 마침내 '때'가 온 것입니다. 예수님은 하늘에서 임하는 시선으로 자신의 현 상황을 보셨습니다. 하나님의 계획 아래 전개되는 사건의 흐름 속에서 자신의 삶을 보고 있습니다.

하나님의 시간 속에서 예수님은 지금이 십자가에 못 박힐 때임을 아셨습니다. 자신은 십자가에 제물로 바쳐지지만 그로 인해 이 역사 속에서, 그리고 전 우주 안에서 하나님의 구속사가 귀결될 것임을 아셨습니다. 이 말씀의 배경이 되는 구약의 속죄절 의식에 비추어보면 인류의 모든 죄를 해결하기 위해 하나님께서 마련하신 영원한 속죄가 자신을 통해 이 땅에 시작되는 때임을 아셨습니다.

그 때를 이루기 위해 예수님은 자신을 제물로 바치기로 결단합니다. 스스로 참제사장 되어 하나님과 인간의 중보자가 되십니다. 나아가 하나님과 인간이 만나고, 하늘과 땅이 만나는 참성전을 완성하십니다. 예수님께서 아버지께 드리는 이 마지막 기도에서 우리는 영원한 속죄일의 세 가지 이미지인 제물, 참제사장 그리고 성전을 발견합니다.

중보기도는 자신을 함께 드리는 일

첫째는, 제물의 이미지입니다.

본문에서 예수님의 기도는 대속죄일에 대제사장이 지성소에 들어가기 전에 드렸던 것과 같은 구조입니다. 속죄일에 지성소로 들어가기 전에 대제사장은 먼저 자신과 가족의 죄와 허물을 씻기 위해 속죄 의식을 가져야 했습니다. 이를 위해 대제사장은 먼저 자신과 온 집안을 위해 제물을 바쳐야만 합니다.

"아론은 자기를 위한 속죄제의 수송아지를 드리되 자기와 집 안을 위하여 속죄하고 자기를 위한 그 속죄제 수송아지를 잡고"(레 16:11). 대제사장 아론도 속죄일에 속죄 의식을 진행하면서 먼저 제 물로 수송아지를 잡았습니다.

예수님도 어떤 면에서는 이 땅에 영원한 속죄일을 심기 위해 속죄 의식을 행하신다고 볼 수 있습니다. 그런데 예수님의 대제사장 기도에는 한 가지 이상한 부분이 있습니다. 구조나 형식을 보면 분 명 속죄일에 대제사장이 드렸던 기도 의식과 흡사하나 한 가지 빠 진 게 있습니다. 바로 제단에 드려져야 할 제물이 없는 것입니다. 그 런데도 거의 모든 성경학자들은 이 기도를 대제사장 기도라고 부릅 니다. 왜 그랬을까요?

예수님께서 기도하시는 장면을 머리로 그려보십시오. 과연 제 물이 없었던 것일까요? 지금 예수님은 구약의 속죄일에 바쳐졌던 그 제물들이 예표하는 속죄 제물을 마음에 그리십니다. 단 한 번 제 단에 제물로 바쳐짐으로 인간의 모든 죄를 대속할 수 있는 그 마지 막 속죄 제물. 잠시 후면 세상 죄를 대속하기 위에 십자가 제단 위에 제물로 바쳐질 '자신'이었습니다.

요한복음 서두에서 세례 요한은 예수님을 보며 "세상 죄를 지 고 가는 하나님의 어린양"(1:29)이라고 선포했습니다. 예수님은 세례 를 받으며 공생애를 시작한 이후 지금까지 세례 요한의 입술을 통 해 선포된 자신의 정체성—즉 "세상 죄를 지고 가는 하나님의 어린 양"—을 한 번도 잊은 적이 없었습니다. 이제 예수님은 3년의 공생 애를 다 마치고 자신이 온 세상의 죄를 담당하기 위해 흠 없는 어린양이 되어 제물로 바쳐져야 할 십자가 제단을 눈앞에 두고 있습니다. 그 십자가 제단 위에 죽임당한 어린양처럼 온몸에 각이 뜨여 물과 피를 다 쏟아내며 제물로 죽어가는 자신의 모습을 똑똑히 보셨던 것입니다. 예수님은 자신이 제물이 되어 하나님께 드려지는 그 제단 앞에서 중보기도를 올려드리고 계셨습니다.

얼마 전 중국 서안에 있는 한 교회를 방문했습니다. 지난 13년 동안 저와 동역해온 중국인 목사 리비아오가 담임하고 있었습니다. 몇 년 사이 설교가 탁월하다는 소문이 나면서 사천성 성도에서 1,000명 정도가 모이는 삼자교회에서 담임목사 청빙을 받았습니다.

그때 리비아오는 고민했습니다. "1,000명의 숫자를 선택할 것인가? 아니면 자신이 개척한 150명 정도 되는 이 교회에 주신 비전을 보며 남을 것인가?" 깊은 고민 끝에 그는 숫자보다 비전을 택하기로 하고 그 교회에 남기로 결정했습니다.

애초부터 회교권 선교를 바라보며 시작한 교회였습니다. 이미 회교권 지역에 두 명의 평신도를 선교사로 파송하기도 했습니다. 필요한 재정은 교회의 유명한 사업가 집사가 전부 충당했습니다. 또한 그 교회는 열심히 기도하는 교회이기도 했습니다. 특별히 30대 젊은 어머니들을 중심으로 한 기도 네트워크가 있는데 전부 기도의 용사들이었습니다.

2019년에 저는 그 기도모임에서 큰 도전을 받았습니다. '샘 엄마'라는 35세 소아과 의사가 모임을 인도했는데 불과 몇 개월 만에 몸이 너무나 여위어 있었습니다. 저는 좀 걱정이 되어서 "왜 이렇게 몸이 빠졌느냐"고 물어보았더니 중국 교회가 핍박받는 상황에서 하나님께서 금식하라는 마음을 주셔서 40일 동안 병원 진료를 하면서도 금식하며 중보기도회를 이끌었다고 합니다.

그 이야기를 듣는데 제가 말씀을 전할 필요가 있겠나 싶었습니다. 시작하기 전부터 하나님은 그들의 신앙을 통해 오히려 저를 깨우시고 제게 도전하시는 것 같았습니다. 그때 하나님은 저에게 "중국 교회가 아무리 힘들어도 이렇게 금식하며 기도하는 30대 젊은 엄마들이 있는 한 중국 교회는 내가 붙든다. 내가 내 교회를 보호하고 지킨다"라고 말씀하시는 것 같았습니다.

그날 호텔에 돌아와 지난 시간을 회상하는데 마음에 말할 수 없는 감동이 밀려왔습니다. 불과 7년 전에 이 교회에 일어났던 뼈아픈 사건이 생생히 기억났고, 그 이후에 하나님께서 교회를 아름답게 회복하신 증거들을 보았기 때문입니다.

7년 전 교회를 개척하고 교인이 100명 정도로 성장했을 때 리비아오 목사에게 큰 어려움이 찾아왔습니다. 홍콩에서 파송된 40대 여자 선교사가 이 교회에 들어와 여성 리더들을 훈련시켜 자기 사람으로 만든 후 교회 안에서 당을 짓기 시작했습니다. 그들은 모일 때마다 한편에서 목사를 비방했고 시시때때로 교회의 방향에 각을 세웠습니다. 그러다 보니 교회 전체가 분쟁의 소용돌이로 빠져들면서 교인들이 떠나가기 시작했습니다.

그때 리비아오 목사가 저에게 특별 기도를 요청해서 저도 이 문제를 놓고 심각하게 기도했습니다. 기도하던 중 하나님께서 제게 확신으로 주셨던 말씀이 있었습니다. 그것을 글로 정리하다 보니 그

분이 듣기에는 좀 어려운 말씀이었습니다. 그럼에도 저는 용기를 내서 그 내용을 편지에 담아 리비아오 목사에게 보냈습니다. 다음은 제가 리비아오 목사에게 쓴 편지의 일부입니다.

먼저 리비아오 부부에게 감사하고 싶습니다.

지난번 짧은 만남이었지만 저는 리비아오 목사에 대해 많은 사실을 알게 되었습니다. 그동안 교회를 위해 해산의 수고를 아끼지 않고 헌신한 두 분께 감사합니다. 좋으신 하나님께서 반드시 좋은 것으로 갚아주실 줄 믿습니다.

이야기를 들으며 교회와 또 두 분을 위해 많이 기도했습니다. 기도하던 중 떠오른 몇 가지를 목사님과 나누고 싶습니다. (중략)

교회는 하나님의 교회이고, 내가 양육하는 양들은 다 주님의 양이라는 사실을 항상 잊지 말아야 한다고 생각합니다. 교회에 속한 그 무엇도 '내 것'이라 부를 만한 것은 하나도 없습니다. 그래서 우리는 늘 두려움과 떨림으로 교회를 돌보아야만 한다고 봅니다. 무엇보다 하나님의 관점으로 교회를 보아야 하고, 또 예수님의 마음으로 성도들을 돌보아야 합니다. 교회에 어떤 어려움이 생길 때 이 교회가 하나님의 교회이고 또 양들이 주님의 양이라고 생각하면 내가 어떤 결정을 내려야 할지 분명한 답이 있을 것이고, 따라서 교회의 모든 묶였던 것은 풀어지리라 봅니다.

교회를 맡아 목양하는 복사들은 모두 하나님의 청지기가 아니겠습니까? 청지기라면 주님 앞에 한 점 부끄럼 없기를 애써야 하겠지요. 물질이나 명예가 목양의 동기가 되어서는 안 되며 주님

한 분이 모든 목양의 동기가 되어야 할 것입니다. 사람의 눈치를 보아서는 안 되고 하나님의 눈치만을 살펴야 합니다. 사람을 기쁘게 하기보다는 하나님을 기쁘시게 하는 일만 생각해야 합니다.

이 상황에 목사님께서 목양하시는 그 교회는 결국 주님의 교회이며 그 교회를 목양하는 목사님은 청지기에 불과하다면 이 시점에 어떠한 결정을 내려야 하는지 답은 이미 주어졌다고 생각합니다. (하략)

정말 감사하게도 이때 리비아오 목사는 이러한 편지를 쓴 제 마음의 중심을 이해해주었습니다. 그는 참 놀라운 일을 해내고야 말았습니다. 기도하면서, 자신도 살고 교회도 살길이 무엇인가 생각했다고 합니다. 그 길이란, 홍콩 출신 선교사에게 자신이 목양했던 교회를 넘겨주고 자기는 다른 곳에서 홀로 교회를 개척하는 것이라고 판단했습니다. 그리고 어느 날 교인들을 설득한 후 자신은 다른 곳에서 교회를 시작했는데 바로 그 교회가 오늘 이렇게 영향력 있는 교회가 되었다는 것입니다. 결국 자기 삶을 제물로 바치며 중보기도 한다는 것은 자신을 부인하고 자신이 져야 할 십자가를 지고 기도하는 것이 아닐까 생각해봅니다.

기도하면서도 아버지의 뜻이 이루어지지 않고 아버지의 영광이 나타나지 않는 이유는 우리가 자신을 부인하지 않고 우리에게 주어진 십자가를 지지 않으려고 하기 때문입니다. 그러므로 기도의 시간도 중요하고 기도의 열정도 중요하지만 그것보다 더 중요한 것이 바로 이러한 기도자의 헌신입니다. 기도하면서 매 순간 자신을 내려놓고 고난의 길을 함께 걸어가려는 삶의 결단이 겸비된 기도가 있을 때만 우리 기도를 통해서도 아버지의 영광이 드러날 것입니다.

중보기도는 이렇게 비장하고 엄중합니다. 바로 십자가 제단 위에 바쳐질 그 제물을 바라보며 기도했던 내용이 이면에 숨어 있습니다. "··· 아들을 영화롭게 하사 아들로 아버지를 영화롭게 하게 하옵소서"(1).

얼핏 보면 예수님은 여기서 마치 변화산에서 신현을 맛본 것처럼 무아지경에서 기도하는 것처럼 보입니다. 그러나 영광으로 가득 차 보이는 이런 기도의 이면에는 자기 목숨을 제물로 바치기 위해 십자가 제단으로 나아가는 구속자의 비장함이 서려 있습니다.

요한복음 서두에서 요한은 예수님이 오신 목적을 이렇게 이야기했습니다. "본래 하나님을 본 사람이 없으되 아버지 품속에 있는 독생하신 하나님이 나타내셨느니라"(1:18). 요한은 예수님이 아버지 품속에 계셨던 분이라고 소개합니다. 예수님은 하나님의 존재 중심에서 아버지의 가슴을 공유하신 분이십니다. 그런데 그 예수님이 하나님의 가슴으로 우리 가운데 오셔서 하나님 아버지의 가슴을 활짝 열어주셨습니다. 그 가슴을 들여다보니 조금도 부족함 없는 아버지의 영광이 충만하게 담겨 있음을 요한은 보았던 것입니다.

예수님은 지난 3년 동안 이 사실을 잊지 않으셨습니다. 3년 동안 예수님은 늘 아버지의 가슴속에 자신이 존재하고 있으며 자신은 아버지의 가슴을 열어줌으로 하나님의 영광을 이 땅에 드러내기 위해 오셨음을 잊지 않고 사셨습니다. 그런 마음을 간직했던 예수님은 언제나 자신이 아닌 아버지의 이름을 영화롭게 하게 해달라는 기도를 해오셨습니다.

그런데 대제사장의 기도에서 예수님은 아버지를 영화롭게 해달라는 간구와 함께 "자신을 영화롭게 해달라"는 간구를 함께 하고 계십니다. 지금까지 우리는 이런 기도를 본 적이 없을 뿐더러, 마치 하나님께 명령하듯이 하는 기도는 더더욱 본 적이 없습니다. 도대체 예수님은 지금 어떤 기도를 드리는 것입니까? 1~2절을 연결시켜 읽어보면 의미가 좀 더 명확하게 들어옵니다. 원어를 보면 1~2절을 연결하는 접속사는 영어로 "just as"(마치 … 인 것처럼)입니다. 즉, 2절은 1절의 의미를 비교해서 설명하는 접속사입니다. 이 접속사의 의미를 살려서 읽어보면 이러합니다. "아버지여 아들을 영화롭게 하사 아들에게 만민을 다스리는 권세를 주옵소서. 그리고 그로 말미암아 아들에게 주어진 사람들이 영생을 얻게 됨으로 아버지의 영광이 드러나게 하옵소서." 이렇게 의역할 수 있습니다. 즉, 아들을 영화롭게 해달라는 의미는 아들에게 만민을 다스리는 권세를 부여해달라고 아버지께 기도하는 것이며, 그 결과로 아들에게 주어진 모든 사람이 영생을 얻어 궁극적으로는 아버지를 영화롭게 해달라고 구하는 것입니다.

여기에는 중요한 전제가 있습니다. 만민을 다스리는 권세는 그냥 주어지지 않습니다. 그 전에 아들이 십자가에서 제물이 되어 죽어야만 이루어지는 일이었습니다. 그렇다면 "아버지여, 아들을 영화롭게 하사"라는 기도는 아들이 십자가를 지게 해달라는 간구라고 보는 게 맞습니다. 이 기도는 절대로 자신을 높여달라는 기도가 아닙니다. 오히려 자신이 능히 십자가를 지게 해달라는 간구입니다. 자신을 향하여는 십자가를 거부하지 않겠다고 스스로 결단하는 것이며 하나님을 향해서는 이 죽음의 길을 능히 걸어갈 수 있도록 도와달라고 간구하는 것입니다.

자신을 온전하고 흠 없는 제물로 바치면서 중보기도를 올려 드리는 예수님의 모습을 통해 우리는 중보자이신 예수님의 마음을 읽어낼 수 있습니다. 자신의 뜻이 아닌 하나님의 뜻이 이루지기를 바라는 마음을 읽을 수 있습니다. 자신의 영광이 아닌 하나님의 영광만이 나타나기를 바라는 주님의 마음을 읽을 수 있습니다.

기도 속에서 자신은 온전히 사라지고 아버지로 가득 채워졌을 때 예수님은 아버지가 이 세상을 얼마나 사랑하셨는지를 온몸으로 느끼십니다. 그 아버지의 사랑으로 예수님은 제자들과 장차 주님을 믿게 될 모든 교회를 품고 아버지께 중보자로 나아가신 것입니다.

제사장은 자기 삶을 대신 드리는 사람

둘째, 제사장의 이미지입니다.

이스라엘의 속죄일이 되면, 대제사장은 지성소에 들어가기 전에 먼저 자신과 가족의 죄와 허물을 씻기 위해 속죄 의식을 행합니다. 이를 위해 대제사장은 먼저 자기와 집안을 위해 제물을 바쳐야 합니다. "아론은 자기를 위한 속죄제의 수송아지를 드리되 자기와 집안을 위하여 속죄하고 자기를 위한 그 속죄제 수송아지를 잡고"(레 16:11).

그러나 예수님은 자신을 위한 기도를 시작하면서 이런 속죄 의
식을 갖지 않으십니다. 죄 없으신 예수님은 속죄 제물을 드리거나
속죄 기도를 할 필요도 없었습니다. 다만 예수님은 자신과 아버지
사이에 형성된 연합의 관계 속에 제자들을 부르셔서 그들도 그 연
합 속으로 들어가게 하시는, 중보자로서의 기도만 필요했습니다.
그러므로 예수님께서 중보자로 기도했다는 것은 제사장으로서
아버지께 기도했다는 의미입니다. "아버지께서 아들에게 주신 모든
사람에게 영생을 주게 하시려고 만민을 다스리는 권세를 아들에게
주셨음이로소이다 영생은 곧 유일하신 참 하나님과 그가 보내신 자
예수 그리스도를 아는 것이니이다"(2~3).
이 말씀에 대한 해석은 학자들마다 분분합니다. 그러나 한 가
지 분명한 사실은 이 말씀이 요한복음 1장 14절과 연결되어 있다는
것입니다. '만민'이라는 단어에서 그 증거를 찾을 수 있습니다. 이
단어는 헬라어로 sarx이고 영어로는 flesh입니다. 요한복음에서 1장
13~14절에 가장 먼저 나오고 17장 2절에 마지막으로 나옵니다. 그
리고 그 사이에 8번 나오는데 6장에만 무려 여섯 번 등장합니다.

> 영접하는 자 곧 그 이름을 믿는 자들에게는 하나님의 자녀가
> 되는 권세를 주셨으니 이는 혈통으로나 육정(will of the flesh)으
> 로나 사람의 뜻으로 나지 아니하고 오직 하나님께로부터 난
> 자들이니라(1:12~13).
> 말씀이 육신(sarx, flesh)이 되어 우리 가운데 거하시매 우리가

그의 영광을 보니 아버지의 독생자의 영광이요 은혜와 진리
가 충만하더라(1:14).

‣ 육(flesh)으로 난 것은 육이요 영으로 난 것은 영이니 내가 네
게 거듭나야 하겠다 하는 말을 놀랍게 여기지 말라(3:6~7).

‣ 나는 하늘에서 내려온 살아 있는 떡이니 사람이 이 떡을 먹
으면 영생하리라 내가 줄 떡은 곧 세상의 생명을 위한 내 살
(flesh)이니라 하시니라 그러므로 유대인들이 서로 다투어 이
르되 이 사람이 어찌 능히 자기 살(flesh)을 우리에게 주어 먹
게 하겠느냐 예수께서 이르시되 내가 진실로 진실로 너희에
게 이르노니 인자의 살(flesh)을 먹지 아니하고 인자의 피를 마
시지 아니하면 너희 속에 생명이 없느니라 내 살(flesh)을 먹고
내 피를 마시는 자는 영생을 가졌고 마지막 날에 내가 그를
다시 살리리니 내 살(flesh)은 참된 양식이요 내 피는 참된 음
료로다 내 살(flesh)을 먹고 내 피를 마시는 자는 내 안에 거하
고 나도 그의 안에 거하나니(6:51~56).

‣ 살리는 것은 영이니 육(flesh)은 무익하니라 내가 너희에게 이
른 말은 영이요 생명이라(6:63).

‣ 너희는 육체(flesh)를 따라 판단하나 나는 아무도 판단하지 아
니하노라(8:15).

‣ 아버지께서 아들에게 주신 모든 사람에게 영생을 주게 하시
려고 만민(sarx, flesh) 다스리는 권세를 아들에게 주셨음이로소
이다(17:2).

위의 본문을 살펴보면 한글 성경에서는 flesh(헬라어 sarx)라는 단어를 육신, 육체, 육, 살, 만민 등으로 다양하게 번역했습니다. 여기서 중요한 사실은 8장 15절을 제외한 모든 구절에서 flesh는 영생의 의미를 증거하는 데 사용되었다는 점입니다. 1장에서는 예수님이 왜 육체로 오셨는지를 이야기합니다. 예수님은 자신을 믿는 자들에게 하나님 자녀가 되는 권세를 주시려고 오셨습니다. 그러나 문제는 죄성을 지닌 육정(sarx)으로는 예수님을 알아볼 수도 없고 영접할 수도 없다는 것입니다. 그 예가 바로 니고데모입니다. 그는 이스라엘의 선생이었고 혈통으로는 아브라함의 후손이었지만 육신에 속해 있었기에 하늘에서 오신 예수님을 알아보지 못합니다.

마찬가지로 죄성을 지닌 육신 덩어리인 우리는 영에 속한 하나님을 도저히 알 수 없었는데, 말씀이신 하나님께서 우리처럼 육신을 지녀 우리가 하나님을 알 수 있도록 그 가능성을 열어주신 것입니다. 그러기에 말씀이 육신이 되어 우리 가운데 거한 그곳에는 하나님 영광이 드러나 은혜와 진리가 충만하게 넘쳐날 수밖에 없었다고 요한은 증거합니다. 이 말씀에서 우리는 성육화 신학과 함께 요한복음 전체를 통해 소개될 예수님과 아버지의 관계, 예수님과 공동체의 관계 그리고 하나님과 공동체를 연결시키는 중보자 예수님을 발견합니다.

6장에서는 예수님이 '육체'(flesh)로 오셔서 무엇을 하셨는지를 설명합니다. 예수님은 죄성을 지닌 육신으로는 인간이 도저히 영생을 얻을 수 없음을 아시고, 모든 인간을 대신해 스스로 죽으심으로 죄성을 지닌 육신도 영생을 얻게 하셨습니다. 죄성을 지닌 육신이 예수님의 피와 살을 먹고 마심으로 영생을 얻는다고 증거합니다. 애초에 생명나무 실과를 먹었어야 할 아담과 하와가 선악을 알게 하는 나무의 실과를 먹음으로 죽게 된 것을 아셨던 예수님은 이제 직접 생명나무가 되어 우리 가운데 오셔서 생명나무 실과인 자신의 살과 피를 먹고 마시게 하여 영생을 주시겠다고 약속했던 것입니다.

1장에서 하나님이 우리(flesh)가 되신 사실을 증거했다면 6장에서는 그 하나님이 무엇을 하셨는가를 증거합니다. 그분은 제물이 되었습니다. 그랬기에 우리(flesh)가 함께 죽게 된 것이고 우리가 되어 살아날 것이기에 그분은 마지막 날에 우리를 살릴 것이라고 약속합니다. 6장 역시 우리와 같은 모습으로 친히 제물 되어 죽임을 당함으로 우리에게 영생을 약속하는 대제사장 예수님을 증거합니다.

영생이란 삼위 하나님의 사귐 안에서 살아가는 것

이처럼 요한복음 전체를 통해 'flesh'가 어떻게 사용되었는지 흐름을 살피면서 17장 2절을 보면 그 의미가 좀 더 명확하게 들어옵니다.

> 아버지께서 아들에게 주신 모든 사람에게 영생을 주게 하시려고 만민을 다스리는 권세를 아들에게 주셨음이로소이다 영생은 곧 유일하신 참 하나님과 그가 보내신 자 예수 그리스도를 아는 것이니이다(2~3).

말씀으로 이 땅에 오셔서 죽으신 예수님은 죽음에 머물러 있지 않고 다시 살아나 모든 만민(flesh)을 다스리는 심판주로 등극합니다. 즉, 예수님은 우리가 되어 죽었다가 부활하여 심판주로 등극하면서 이 땅과 하늘을 연결하는 중보자, 즉 제사장이 되신 것입니다.

1장 14절에서는 말씀이 육신이 됨으로써 하늘로부터 이 땅까지 연결하는 제사장이 되었다면, 17장에서는 이 땅에서 하늘까지 연결하는 제사장이 되셨습니다. 17장 2절에서는 왜 예수님이 그러한 제사장이 되셨어야만 했는지를 밝힙니다. 바로 "아버지께서 아들에게 주신 모든 사람에게 영생을 주게 하시려고"입니다. 이처럼 '육체'(flesh)라는 단어는 예수님이 하늘과 땅을 연결하는 제사장이 되셔서 우리에게 영생을 주신 분임을 증거하는 데 아주 중요하게 사용되었음을 볼 수 있습니다. 3절에서 증거하는 영생의 의미가 그것을 뒷받침합니다. "영생은 곧 유일하신 참 하나님과 그가 보내신 자 예수 그리스도를 아는 것이니이다." 영생이란 하나님께서 육신의 몸을 입혀 우리를 위해 이 땅에 보내신 예수님을 아는 것이요. 나아가서 그 예수가 죽으시고 부활하시고 승천하시어 '그리스도'가 되셨음을 아는 것입니다. 예수님은 이 대목에서 처음으로 자신을 '메시아'(그리스도)라고 호칭합니다. 이미 부활의 몸을 입고 하나님 보좌 옆에서 세상의 통치자요 심판주가 된 자신의 역할을 보신 것입니다. 그러므로 예수 그리스도를 안다는 것은 아버지께서 육체로 이 땅에 보내신 예수를 아는 것이요 또한 그 육체가 부활하여 아버지께 돌아가셔서 심판주가 되신 그리스도를 아는 것입니다.

요한복음에서 '안다'라고 말할 때는 지식적인 차원에서 그치는 것이 아니라 관계 속에서 아는 것을 의미합니다. 마치 남자가 여자와 만나 결혼하여 함께 살아가는 관계를 통해 서로를 알아가듯이 우리가 예수 그리스도를 믿어 아는 것 역시 예수님에 관해 지식적으로 아는 것이 아닌 예수 그리스도와 관계를 맺고 그분과 더불어 살아가면서 알게 되는 '관계적인 앎'을 의미합니다.

즉, 영생이란 아버지로부터 이 땅에 오셨다가 다시 아버지께로 가신 예수 그리스도를 알아 그분과 관계를 맺는 것입니다. 나아가 예수님과 관계를 맺음으로써 예수님과 아버지 사이에 이미 맺힌 그 관계에도 더불어 참여하게 되는 것을 뜻합니다.

이 장면을 연상해보십시오. 지금 예수님은 대제사장으로서 중보기도를 하고 계십니다. 그런데 그 중보자는 죄와 죽음의 권세에 사로잡혀 있는 만민(flesh)을 그저 멀리서, 즉 하나님 보좌 우편에서 내려다보면서 중보하지 않았습니다. 오히려 자신이 그 육체 안으로 들어오셔서 친히 육체가 되시고 나아가 자신의 육체를 만민을 위해 찢어 주면서 만민을 위해 중보기도하고 계셨습니다.

중보기도는 절대로 가볍게 드릴 수 있는 게 아닙니다. 고통 가운데 있는 누군가를 위해 기도한다는 것은 비록 내가 상대방이 될 수는 없을지라도 적어도 상대방 입장이 되어 그들이 당하는 고통을 생각해보며 어느 정도 그 고통을 담당하겠다는 마음으로 해야만 합니다. 그런 마음이 바로 대제사장 되신 예수님의 마음이며 하나님은 그런 중보기도자의 기도를 들어주십니다.

몇 년 전 북한을 섬기는 14개 국가에서 온 100여 명의 선교사가 모여 컨퍼런스를 열었는데 그곳에서 며칠 말씀을 전하면서 북한에 진행되는 놀라운 일들을 보았습니다. 인종도 다르고 언어도 다르고 문화도 다른 많은 분이 세계 각국에서 중국 동북쪽에 위치한 이 조그마한 도시에 몰려든 것입니다. 저들은 아침저녁으로 온돌방에 둘러앉아 북한을 위해 울부짖으며 기도했습니다. 식사 때가 되면 한 상에 둘러 앉아 쌈장에 된장과 불고기를 얹어먹고 김장김치를 나누어 먹었습니다. 세계 여러 나라를 다녀 보았고 제법 여러 종류의 집회에서 말씀을 전해보았지만 이런 광경은 지금까지 한 번도 경험하지 못한 특별한 풍경이었습니다.

그때 저는 알게 되었습니다. 한반도에서 벌어지는 가장 결정적인 사건은 우리가 매일 신문에서 읽고 뉴스에서 본 것이 아니라 바로 이곳에서 겨자씨처럼 자라나는 하나님 나라의 역사였습니다. 그곳에 독일에서 온 T가 있었습니다. 그는 방글라데시에서 오랫동안 고아원을 운영하다 북한을 섬기기 위해 온 독일 선교사입니다. T는 독일이 통일되기 전에 동독에서 태어났습니다. 분단된 독일에서 어린 시절을 보냈던 T는 갈라진 조국에 대한 안타까운 마음으로 하나님께 기도했습니다. 그러다 1988년에 베를린 장벽이 무너지는 것을 보면서 마치 온 세상을 얻은 것처럼 기뻐 뛰며 춤을 추었다고 합니다.

그러나 그런 기쁨도 잠시뿐, 어느 날 십자가의 의미를 묵상하는데 2차 대전 당시 나치 정권이 동유럽 여러 나라에 저지른 만행이 떠오르면서 밤잠을 이룰 수 없었습니다. 그는 기도하던 중 나치 정권의 만행에 대해 자신이라도 용서를 구해야 한다는 생각이 들었답니다. 그래서 그는 십자가를 차에 싣고 동구권과 구소련의 여러 마을을 찾아다닙니다. 각 마을에 도착하면 트렁크에 있는 십자가를 꺼내어 어깨에 메고는 거리를 다니면서 독일이 저지른 만행에 대해 용서를 구했다고 합니다.

그 일을 다 마쳤을 때 하나님께서는 그에게 세계의 여러 분쟁 지역을 보여주시며 그 지역에서 화목의 직분을 감당하라는 소명을 주셔서 방글라데시를 거쳐 북한 땅까지 오게 되었습니다.

T가 선교사 모임에서 처음 이 이야기를 나누었을 때 그 자리에는 J라는 일본 선교사가 있었습니다. T의 이야기를 듣는 동안 J 선교사는 내내 눈물을 흘렸습니다. 그리고 T 선교사의 간증이 끝났을 때 J 선교사는 강대상 앞에 나가 무릎을 꿇은 후 조선인과 중국인에게 2차 대전 당시 일본이 저지른 만행에 대해 용서를 구했습니다. 그 모임에 참석했던 모든 중국인과 조선족은 강대상 앞에 무릎을 꿇은 J 선교사를 끌어안으며 함께 눈물을 흘리며 기도했다고 합니다.

그 일이 있고 약 3개월 후 J 선교사는 암으로 하나님 품에 먼저 안겼습니다. 북한 땅에 들어가려고 이곳에 와 수년을 살면서 북한이 열리기를 기다렸지만 결국 그 땅을 한 번도 밟지 못한 채 하나님의 부르심을 받은 것입니다. 비록 J는 북한 땅을 밟지 못하고 먼저 갔지만 그의 입술에서 나온 마지막 고백, "I am sorry and we are sorry"는 사람들의 가슴에 깊이 각인되었고 바로 그 고백 위에 북한을 품은 다민족 선교공동체가 탄생하게 됩니다. 전 세계에서 몰려든 선교사들은 그 하나 된 공동체의 모판을 들고 북한에 들어가 놀라운 일을 감당하기 시작했습니다. J는 비록 북한 땅에 들어가지 못했지만 그가 뿌린 순교의 피로 세워진 이 공동체는 북한의 한 모퉁이에서 선한 영향력을 끼치는 선교공동체가 되었습니다.

빈부로, 이념으로, 인종으로, 세대로 나누어진 이 세상이 어떻게 하나 될 수 있을까요? 누군가가 제사장이 되어 순교의 피를 뿌려야만 합니다. 즉, 자신의 몸을 제물로 세상에 바쳐야만 합니다. 제물이 세상에 드려지고 순교의 피가 뿌려질 때에만 갈라지고 찢어진 이 땅이 주님의 사랑으로 하나 되는 역사가 나타납니다.

그 사귐 안에서 주님과 더불어 살기

셋째, 성전의 이미지입니다.

자신을 영화롭게 하여 아버지를 영화롭게 해달라고 간구를 시작한 예수님은 이제 창세전에 자신이 아버지와 함께 가졌던 영화로써 아버지와 함께 자신을 영화롭게 해달라는 간구로 자신에 관한 기도를 마무리하십니다.

아버지께서 내게 하라고 주신 일을 내가 이루어 아버지를 이 세상에서 영화롭게 하였사오니 아버지여 창세전에 내가 아버지와 함께 가졌던 영화로써 지금도 아버지와 함께 나를 영화롭게 하옵소서(4~5).

사실 이 말씀만 보면 무슨 내용인지 의미가 들어오지 않습니다. 역시 요한복음 1장과 함께 보아야 명확해집니다.

태초에 말씀이 계시니라 이 말씀이 하나님과 함께 계셨으니 이 말씀은 곧 하나님이시니라(1:1).

말씀이 육신이 되어 우리 가운데 거하시매 우리가 그의 영광을 보니 아버지의 독생자의 영광이요 은혜와 진리가 충만하더라 (1:14).

예수님은 창세 이전부터 아버지와 함께 계셨던 분입니다. 아버지와 함께 계셨던 아들이 육신을 입고 이 땅에 와서 아버지께서 명하신 그 일을 다 이루심으로 아버지를 영화롭게 했으니 이제 다시 아버지와 함께 계셨던 그 영광스런 관계로 다시 돌아가게 해달라는 기도입니다. 그렇다면 예수님께서 이 땅에 와서 아버지를 영화롭게 하신 그 일은 과연 무엇일까요?

이 땅에 성전의 영광을 회복한 일입니다. 이 사상을 강조하기 위해 요한은 여기 "우리 가운데 거한다"라고 할 때 "거한다"에 아주 특별한 단어를 사용했습니다. 이는 헬라어 '스케노우'인데, '스케네'의 동사형으로 '장막(텐트)을 치다', '장막 속에 머무르다', '거주하다' 등의 뜻이 있습니다. 이 단어는 구약에서 성막을 가리켰고, 신약에서 요한만 5번 사용했습니다. 요한복음에서는 유일하게 이 본문에서 사용했고 나머지 네 번은 전부 계시록에서 사용합니다(계 7:15, 12:12, 13:6, 21:3).

본문을 직역하면 "말씀이 우리 가운데 오셔서 텐트를 치셨다"
혹은 "장막을 치셨다"가 됩니다. 그러니까 예수님의 성육신은 성막
이 땅에 임한 사건이라고 보는 게 맞습니다. 이스라엘 백성은 광야
에서 장막 속에 임재하신 하나님의 영광을 보았습니다(출 40:35). 모
세는 그곳에 들어가 하나님과 친히 대화를 나누었습니다. 그러나 그
장막과 성전은 모두 다가올 참 성전의 그림자에 불과했습니다. 장막
성전 자체는 성전의 원형이 아니었습니다. 이후에 솔로몬을 통해 완
성된 성전과 스룹바벨 성전 그리고 예수님의 공생애 시절 존재했던
헤롯 성전 모두 참 성전의 그림자였습니다.

구약의 모든 성전이 가리키는 참 성전은 예수님의 성육신에서
성취되었습니다. 구약 시절 그림자로만 보았던 성전의 원형이 예수
님의 성육신 안에 임한 것입니다. 그래서 요한은 예수님의 성육화를
보며 하나님의 영광을 보았다고 고백합니다. 구약에서 부분적으로
임했던 성전의 영광이 '예수 성전' 안에 100퍼센트 충만하게 임한
것을 목도했다는 것입니다.

그렇게 말씀이 육신이 되어 우리 가운데 오셔서 성전의 영광을
보여주신 예수께서는 이제 17장에서 기도하십니다.

아버지여 창세전에 내가 아버지와 함께 가졌던 영화로써 지금도
아버지와 함께 나를 영화롭게 하옵소서(5).

이제 예수님은 창세전에 아버지와 함께 계셨던 그 영광의 자리
로 돌아갑니다. 그런데 여기 놀라운 반전이 있습니다. 예수님께서

이 땅에 오셨을 때에는 홀로 오셨습니다. 그러나 이제 이 땅에 성전을 완성하고 그 영광의 자리로 다시 들어갈 때는 혼자 들어가지 않으십니다. 누구든지 성전 되신 예수님 안에 들어가 예수님을 만난 모든 만민을 다 함께 데리고 들어가시겠다고 약속합니다. 바로 17장 20~22절 말씀입니다.

> 내가 비옵는 것은 이 사람들만 위함이 아니요 또 그들의 말로 말미암아 나를 믿는 사람들도 위함이니 아버지여, 아버지께서 내 안에, 내가 아버지 안에 있는 것같이 그들도 다 하나가 되어 우리 안에 있게 하사 세상으로 아버지께서 나를 보내신 것을 믿게 하옵소서 내게 주신 영광을 내가 그들에게 주었사오니 이는 우리가 하나가 된 것 같이 그들도 하나가 되게 하려 함이니이다.

이런 이유에서 요한은 말씀이 육신이 되어 이 땅에 하늘 성전이 임했을 때 "우리가 그의 영광을 보니 아버지의 독생자의 영광이요 은혜와 진리가 충만하더라"고 고백했던 것입니다. 예수님이 성전으로 이 땅에 오심으로 예수님과 아버지 사이에만 있었던 그 영광이 우리에게도 미치게 되었기에 우리도 이제는 두 눈으로 그 영광을 보게 되었습니다. 구약 시대에는 육체를 지닌 그 누구도 아버지와 독생자의 영광을 볼 수 없었는데 이제 예수 안에 지어진 그 성전 안에 있으면 그 영광을 함께 볼 수 있습니다. 과거에는 이 영광을 본 자는 살아남을 수 없었는데 말씀이 육신이 되어 우리 가운데 세워진 장막 안으로 들어가 그 영광을 보는 자는 죽지 않고 오히려 조금도 부족함 없는 하나님의 진리와 은혜를 경험할 수 있습니다. 성전의 완성으로 오셔서 잃어버린 성전의 영광을 회복하신 예수님께서는 우리를 향해 두 팔을 펼치십니다. 그리고 우리 모두를 그 장막 안으로 초청하시며 말씀합니다.

"와 보라."

마치 "이 장막 안으로 들어오라", "이 안에서 함께 마주보며 더불어 살자"라며 우리를 부르시는 것 같습니다. 장막 밖에서는 그분의 영광을 볼 수 없기 때문입니다. 장막 안으로 들어가야 예수님의 눈을 마주 볼 수 있습니다. 예수님과 가슴과 가슴이 닿는 교재를 나눌 수 있습니다.

장막 밖에서 주위만 맴돌면 예수님의 그림자밖에 보이지 않습니다. 예수님의 그림자만 보면서 취득한 지식은 나를 살리지 못합니다. 그런 어설픈 지식으로는 예수님을 십자가에 두 번 죽이는 과오를 범할 수 있습니다.

영광의 기도: 예수님의 기도, 그 출발점

예수님은 당신이 이미 세상을 이기셨고 당신 안에 있는 제자들도 세상을 이겼다고 선포하십니다. "이것을 너희에게 이르는 것은 너희로 내 안에서 평안을 누리게 하려 함이라 세상에서는 너희가 환난을 당하나 담대하라 내가 세상을 이기었노라"(16:33). 열두 제자들뿐만 아니라 이 후에 제자들이 전한 복음을 통해 예수님을 믿는 모든 교회도 이미 이긴 것이나 다름없다는 것입니다. 이렇게 마지막 승리를 선포하고 나서 17장에서 대제사장의 기도를 시작하십니다. 제자들을 위한 중보기도의 출발 지점은 바로 그 승리였습니다. 십자가와 부활을 통해 죄와 죽음의 권세를 물리치고, 앞으로 믿을 모든 제자를 위해서도 이미 마지막 승리를 보장해 놓으신 그 지점에서 예수님의 기도는 시작됩니다.

1~5절에서 자신을 위해 기도하신 내용을 보아도 알 수 있습니다. 자세히 들여다보면 자신에게 다가오는 마지막 죽음의 자리를 목도하며 드리는 기도처럼 보이지 않습니다. 이미 십자가에 죽으시고 부활하여 하나님 보좌 우편에 올라가신 후에 기도하는 듯한 모습을 띱니다. 하나님 보좌 우편에서 심판주가 되신 후 만민을 다스리는 승리자로서 뒤로 십자가를 돌아보며 기도하셨습니다.

예수님께서 가르쳐주신 기도는 십자가와 부활로 이기신 그 지점에서 출발한다는 사실이 다른 모든 종교에서 행하는 기도와 본질적으로 다릅니다. 동일한 연장선에서 예수님은 이제 제자들을 위해 기도하십니다.

> 내가 그들을 위하여 비옵나니 내가 비옵는 것은 세상을 위함이 아니요 내게 주신 자들을 위함이니이다 그들은 아버지의 것이로소이다 내 것은 다 아버지의 것이요 아버지의 것은 내 것이온데 내가 그들로 말미암아 영광을 받았나이다(9-10).

예수님은 제자들을 통해 영광을 받으셨다고 선포적 기도를 하십니다. 제자들을 통해 앞으로 "영광을 받을 것이다"가 아닙니다. 주님은 이미 제자들을 통해 "영광을 받았나이다"라고 현재완료형으로 말씀하십니다. 이미 이루어진 것이나 다름없다는 것입니다.

시제적으로만 보면 이 선포는 엄청난 모순을 내포하고 있습니다. 잠시 후면 제자들 대부분은 예수님을 떠날 것입니다. 이미 한 명은 예수님을 배반했고, 수석제자 베드로는 예수님을 세 번이나 부인할 것입니다. 예수님이 십자가에 못 박힐 때 요한을 제외한 다른 제자들은 그곳에 없었습니다(베드로는 먼 발치에서 수난당하는 예수님을 바라보기는 했지만). 그런데 지금 예수님은 "내가 저희로 이미 영광을 받았다"라고 선포하십니다.

예수님의 기도는 제자들이 과거에 '어떻게 예수님을 따라다녔는가'에서 출발하지 않습니다. 현재 그들이 '예수님을 위해 무엇을 하고 있는가'에 있지도 않습니다. 바로 미래에 제자들이 성령을 받아 '어떻게 변화될 것인가'에 초점을 맞추십니다. 그러니까 예수님은 십자가와 부활 사건 이후에 제자들이 성령을 받아 땅 끝까지 나아가서 예수님의 증인으로 살게 될 그 영광스러운 모습을 오늘의 현실로 받아들이며 이 기도를 하셨다는 것입니다.

그렇게 본다면 예수님의 이 기도는 제자들에 대한 단순한 희망 사항이나 막연한 기대가 아닙니다. 예수님은 제자들이 성령을 받아 변화될 그 사건을 마치 과거에 이미 이루어진 사건처럼 보시는 것입니다. 그들이 성령을 받아 예루살렘, 유대, 사마리아 그리고 땅 끝까지 예수님의 증인으로 나아가는 모습을 보셨습니다. 그때 하나님께서는 복음사역을 이어가는 제자들의 모습을 통해 영광이 온 세상에 퍼져나가는 것을 보셨습니다.

제자들이 성령을 받아 증인으로 살아가면서 또한 저들도 예수께서 걸어가신 십자가의 길을 동일하게 걷게 될 것도 보셨습니다. 그 가운데 많은 제자는 복음을 위해 핍박을 당하고 옥에 갇히고 심지어는 죽임당하면서도 예수님을 위해 능욕 당하는 것을 오히려 기쁨으로 여기는 교회의 영광스러운 모습도 함께 목도하셨던 것입니다. 전부 미래에 일어날 사건이지만 그것을 마치 현재에 일어나는 사건처럼 보며 "내가 그들로 말미암아 영광을 받았나이다"라고 담대히 선포하셨습니다.

모래시계의 시간관

사실 우리는 미래의 승리 시점으로 시작하는 예수님의 기도가 잘 이해되지 않습니다. 이런 기도를 올려드리는 예수님께서 지니셨던 시간관은 우리가 경험할 수 없는 것이기 때문입니다. 예수님의 기도를 시간적 흐름으로 본다면, 이미 승리로 결정된 미래에서 시작된 시간이 현재로 임하여 과거로 들어가는 흐름입니다. 이는 모래시계 시간관 같은 것입니다. 모래시계는 위에 남은 미래 시간이 아래, 즉 현재의 시간 속에 임하는 것을 보여줍니다. 일직선에서 과거가 현재를 지나 미래로 흘러가는 것이 아닙니다. 미래 시간이 현재 속에 임함으로 남아 있는 미래의 시간을 보여주는 방식입니다.

예수님의 기도 속에 담긴 시간관도 이와 흡사합니다. 예수님의 십자가와 부활로 이미 우리의 미래 시간은 승리와 회복으로 가득 차 있습니다. 우리의 마지막을 꽉 채운 미래의 보장된 승리와 회복은 닫혀 있지 않고 아래로 열려 있어 현재를 살아가는 우리에게 날마다 임하고 있습니다. 오늘도 기도의 무릎을 꿇고 현재를 살아가는 우리는 아래로 임하는 미래의 보장된 승리와 회복을 오늘의 승리와 회복으로 환영하고 영접하면서 소망을 가지고 살아갑니다.

그런데 많은 경우 우리는 모래시계의 시간관이 아닌 탁상시계의 시간관으로 기도합니다. 즉 과거에서 시작된 시간이 현재로 흘러들어와 미래로 가는 시간관입니다.

예를 들면, 우리는 기도하면서도 과거에 내가 경험한 시간이 지워지지 않고 오늘 여기에 그대로 와 있다고 무의식중에 믿고 기도합니다. 그러다 보니 오늘의 연장선상에 놓여 있는 미래라는 시간은 이미 결정 나 있다고 운명적으로 받아들이고 기도합니다. 엄밀히 말하면 이런 기도는 예수님이 가르치신 기도와는 거리가 멉니다. 오히려 불교에서 드려지는 염불에 가깝다고 할 수 있습니다.

티베트 땅을 처음 밟았을 때 저는 그 땅에 장애인이 그렇게 많은 것에 놀랐고 또 그들에 대해 아무것도 하지 않는다는 사실에 또 놀랐습니다. 탁상시계의 시간관을 가진 티베트 불교에서는 장애인의 운명은 이미 전생에 결정된 것이기에 라마불교가 해줄 게 별로 없다는 것입니다.

그런데 미국과 한국을 다니면서 한국인 성도들을 만나보면 이런 불교적인 시간관으로 살아가는 교인이 너무나 많았습니다. 그들은 교회가 한번 상처를 입으면 그것을 극복할 수 없다고 확신 있게 이야기합니다. 마치 공동체의 DNA에 그 상처가 영구하게 새겨진 다고 생각하는 듯합니다. 기도와 말씀으로 얼마든지 해결할 수 있는 문제임에도 그들은 상처 난 교회의 현실을 운명처럼 받아들입니다. 나아가서 현재의 연장선에 있는 미래는 오늘의 상처가 그대로 미래에까지 남아 교회를 어렵게 할 것이기에 미래 역시 상처로 가득할 것이라고 미리 믿어버립니다.

이민 교회에는 초기에 흑인 동네에서 장사를 시작하신 분이 많습니다. 그 과정에서 흑인들과 적지 않은 갈등을 겪습니다. 지금부터 30년 전에 일어난 일인데도 아직도 그 상처를 그대로 끌어안고 살아갑니다. 예수 그리스도 안에 있으면 새로운 피조물이 되어 어떤 인종과도 새로운 관계를 맺을 가능성이 열려 있음에도 과거에 받은 상처로 그들을 위해 기도조차 떼지 못하는 분들이 꽤 됩니다. 우리가 과거에 상처 입었던 그 지점을 기도의 출발점으로 삼기 때문에 나타나는 양상이 아닐까 생각합니다.

우리는 모래시계의 남은 윗부분에 주목하며 기도해야 합니다. 예수님께서 십자가와 부활로 이미 보장하신 승리와 회복으로 가득 차 있는 시간을 살펴야 합니다. 그 윗부분은 오늘도 아래로 떨어져 우리의 현재를 채워가고 있습니다.

위에서 아래로 임하는 그 보장된 승리와 회복을 지금 어떻게 경험할 수 있을까요? 그 승리와 회복이 아래로 임하는 것을 보며 기도함으로 그 시간을 오늘의 현실 속에 받아들일 수 있습니다. 그렇게 기도하는 자에게는 우리의 미래를 꽉 채운 예수님의 마지막 승리와 회복이 보입니다. 그때 우리는 예수님이 드리셨던 동일한 기도를 할 수 있습니다.

"아버지여, 예수님의 십자가와 부활로 인해 저를 통해서도 영광 받아주셔서 감사합니다. 우리 자녀들을 통해 영광받아주셔서 감사합니다. 우리 공동체, 나아가 우리 조국을 인해 영광받아주셔서 감사합니다."

예수를 따르는 바보들

몇 년 전 선교지 사역을 마치고 미국에 머무를 때였습니다. 때마침 집회 청탁이 들어왔는데 하나같이 제법 큰 교회였습니다. 모 교회에서 주일 설교를 마치고 나오는데 목사님이 강사비를 주십니다. 나중에 봉투를 열어보니 제 수준에서는 꽤 큰 금액이었습니다. 당시 순간적으로, 안정된 교회에서 목양 사역을 하는 담임 목사님들이 부러워지면서 제 안에 들어왔던 생각이 있었습니다.

'내가 계속 목회했으면 여기보다 더 큰 교회를 목회할 수도 있지 않았을까? 그러면 선교 후원을 받기 위해 이 교회 저 교회 다닐 필요도 없지 않았을까?'

사실 저희 팀에는 10년 이상 함께 동역해온 미주의 1.5세, 2세 선교사들이 있습니다. 미국에서 돈 걱정 안 하고 살 정도로 꽤 잘나갔던 친구들이었는데 이제는 200~300불을 도와주는 후원 교회를 찾기 위해 애쓰는 모습이 눈에 밟혔습니다. 물론 대부분의 교회는 그런 선교사들을 반기지만, 저들의 방문을 귀찮아하는 교회도 있기 마련입니다. 그렇다면 저렇게 열심히 선교하는 선교사들의 재정 부담을 덜어주기 위해서라도 다시 목회를 해야 하는 것이 아닐까 하는 생각이 순간 스쳐 지나갔던 것 같습니다.

때마침 그 주에 사무실을 옮기게 되었습니다. 그날 따라 기온이 40도가 넘었습니다. 얼마나 더운지 앉아만 있어도 땀이 비 오듯 쏟아집니다. 그렇게 무더운 날씨에 사무실 물건을 날라야 하는데 도와줄 사람이 한 명도 없었습니다. 할 수 없이 간사와 제가 둘이서 이삿짐을 날랐습니다. 무거운 프린터를 들고 계단을 오르는데 계단 입구에 커다란 거울이 있었습니다. 그 거울에 비친 제 모습을 보니 가관이었습니다. 머리는 헝클어져 있고 얼굴에는 땀자국이 역력하고 바지와 셔츠는 땀으로 흠뻑 젖어 있었습니다. 그때 자신에 대한 연민이 들면서 속으로 투덜댔습니다.

'60을 바라보는 이 나이에 이런 거 할 군번은 아닌데….'

'옛날에 목회할 때는 전화 한 통이면 청년 10명이 순식간에 뛰어왔는데….'

그런데 지금 내 처지가 이렇게 되었구나 생각하니 갑자기 서글퍼졌습니다. 그날 집에 오는데 만감이 교차했습니다. 집에 오자마자 이런 모습을 보여주기 싫어 집 안 구석구석을 청소했습니다. 저녁식사를 끝내고 평소에는 하지 않던 설거지까지 합니다.

그런 제 모습을 본 아내가 설거지하는 제 뒤로 다가와 살며시 안아주고 말을 건넵니다.

"여보, 무슨 일 있었지?"

"내가 보니 당신은 참 바보야. 이렇게 사서 고생하니…."

"나만 그런가? 당신 팀들… 전부 다 바보지 뭐. 미국에서 얼마든지 즐겁게 살 수 있는데, 북한에 들어가 그렇게 사서 고생하고 있으니 말이야."

아내는 잠시 멈추었다가 다시 말을 이어갑니다.

"그래, 당신 주변을 보면 마치 바보들의 행진을 보는 것 같아."

"근데, 여보. 그 행진에서 제일 앞에 계신 분이 계셔…."

"정말 바보 중의 바보지…. 죽임당한 어린양 예수."

"우리 또 한번 그분을 바라보자. 그리고 이왕 바보로 살기로 했으니 확실하게 바보가 되자."

그때 성령님은 제 무릎을 꺾으시고 하나님 앞에 엎드리게 하셨습니다. 그때 제 눈에 계시록의 마지막이 보이기 시작했습니다.

내가 또 보니 보좌와 네 생물과 장로들 사이에 한 어린양이 서 있는데 일찍이 죽임을 당한 것 같더라 그에게 일곱 뿔과 일곱 눈이 있으니 이 눈들은 온 땅에 보내심을 받은 하나님의 일곱 영이더라 그 어린양이 나아와서 보좌에 앉으신 이의 오른손에서 두루마리를 취하시니라(계 5:6~7).

다시 저주가 없으며 하나님과 그 어린양의 보좌가 그 가운데에 있으리니…(계 22:3).

예수님은 세상 죄를 지신 하나님의 어린양이었습니다. 계시록에 등장하는 예수님은 맹수의 한입 먹잇감도 되지 않는 연약한 어린양의 모습을 띠고 있었습니다. 그런데 죽임을 당한 어린양 예수님은 엎드러져 있지 않았습니다. 죽임은 당했지만 그 어린양은 당당히 서 있었으며 하나님의 오른손에서 생명책의 인봉을 떼셨습니다. 나아가 그 생명책에 기록된 대로 구원 역사와 심판 역사를 적극 펼쳐 가셨습니다. 죽임을 당한 어린양은 패배자가 아니었습니다. 자신의 죽음으로 사탄의 권세를 물리치고 하나님의 구원 역사를 일구어낸 최후의 승리자이셨습니다.

궁극적으로 죽임당한 그 어린양 예수님은 결국 새하늘과 새땅의 중심에 있는 보좌에 앉으십니다. 새하늘과 새땅의 보좌에 앉으신 어린양 예수의 관점에서 골고다 십자가를 보니 십자가의 의미가 새롭게 다가오기 시작했습니다. 어린양이 지신 십자가는 더 이상 저주의 십자가도 아니고 어리석은 십자가도 아니었으며 패배의 십자가는 더더욱 아니었습니다.

다시 한번 저는 시선을 새하늘과 새땅의 중심에 계신 어린양의 보좌에 고정시키며 기도하기 시작했습니다. 바보들의 행진에 앞장서신 예수님께서 보좌에 앉으셨다면 그 뒤를 따라가는 수많은 바보들 역시 그 자리에 예수님과 함께 서게 되리라는 확신이 들기 시작했습니다. 그 마지막 날의 관점에서 보니 오늘 내가 걸어가는 이 길은 결코 좌절과 절망으로 이끄는 길이 아니었습니다. 마지막 날에 승리를 주시는 예수님의 보좌로 나아가는 영광의 길이었습니다. 그때 제 귀에 세미한 주님의 음성이 들리는 것 같았습니다.

"내가 바보 같은 너희를 통해 이미 영광을 받았느니라."

연합의 기도: 제사장의 마음이 담긴 기도

나는 세상에 더 있지 아니하오나 그들은 세상에 있사옵고 나는 아버지께로 가옵나니 거룩하신 아버지여 내게 주신 아버지의 이름으로 그들을 보전하사 우리와 같이 그들도 하나가 되게 하옵소서(17:11).

제자들의 하나 됨의 본질은 바로 '우리와 같이' 하나가 되는 것이었습니다. 여기에서 말하는 '우리'는 예수님과 아버지의 하나 된 관계입니다. 지금까지 아버지와 아들이 나눈 그 하나 됨입니다. 이 하나 됨은 다른 말로 하면 두 분이 나누셨던 완전한 사랑입니다. 조직이나 정으로 묶인 하나 됨이 아닌, 아버지와 아들의 관계 속에서 나누어진 온전한 사랑입니다.

하나님 아버지와 아들 예수님은 비록 떨어져 있어도 하나였습니다. 아버지가 아들을 세상에 보냈어도 하나 됨은 깨어지지 않았습니다. 아버지가 아들을 십자가에 내어주셨음에도 두 분의 하나 됨은 깨어지지 않았습니다. 오히려 예수님은 십자가의 영광을 받는 자리에서 가장 친밀감 있는 기도를 드립니다.

예수님은 아버지와 나누신 그 하나 됨에 근거해 제자들도 하나가 되게 해달라고 기도하십니다. "… 거룩하신 아버지여 내게 주신 아버지의 이름으로 그들을 보전하사 우리와 같이 그들도 하나가 되게 하옵소서"(11). 거기에 더해 예수님과 아버지가 하나가 되신 것처럼 제자들도 어떻게 하면 하나가 될 수 있는지에 대해서도 기도하십니다.

> 아버지여, 아버지께서 내 안에, 내가 아버지 안에 있는 것같이 그들도 다 하나가 되어 우리 안에 있게 하사 세상으로 아버지께서 나를 보내신 것을 믿게 하옵소서 내게 주신 영광을 내가 그들에게 주었사오니 이는 우리가 하나가 된 것같이 그들도 하나가 되게 하려 함이니이다(17:21~22).

이 말씀은 첫 번째 하나 됨의 기도와 조금 다릅니다. 첫 번째는 단순히 하나가 되게 해달라고 기도한 것이고, 두 번째에서는 우리가 삼위 하나님의 하나 됨을 경험하는 방법을 제시합니다. 그 비결은 제자들이 서로 사랑하여 하나가 되는 것입니다. 그렇게 하면 하나 된 사랑으로 아버지와 아들이 나눈 온전한 사랑의 관계 속에 동참하게 됩니다. 즉, 13장에 예수님께서 분부하신 새계명을 지킴으로 아버지와 아들이 하나가 되신 것처럼 제자 공동체도 하나가 될 수 있다는 것입니다.

지금까지 예수님은 그동안 아버지와 당신의 하나 됨을 증언하셨는데 이제 마지막 기도에서 우리의 하나 됨을 통해 제자들도 아버지와의 하나 된 관계 속으로 초청하십니다. 먼저는 제자들을 도와 사랑할 수 없는 자들을 사랑하게 하여 온전한 하나 됨을 이루어냅니다. 나아가 그 하나 된 제자들의 사랑의 관계를 아버지와 아들이 나눈 사랑의 관계와 연결시켜줌으로 제자들의 하나 된 관계를 온전한 삼위일체 하나님의 하나 됨 속에 거하게 합니다. 그래서 결국은 제자들의 하나 됨을 온전한 삼위 하나님의 관계 속에 끝까지 남아 있게 하는 것입니다.

이 일을 위해 주님께서 하신 중요한 사역이 있었습니다. 바로 자신이 제사장이 되셨다는 것입니다. 자신이 제물이 되어 하늘과 땅을 연결시키는 참 제사장이 되셨습니다.

예수님은 갈라지고 찢어진 이 세상을 보며 멀리서 꾸짖기만 하시지 않았습니다. 그저 안타까워하고 샬롬만 외친 게 아니었습니다. 자신의 몸을 찢고 부수셔서 제물이 되심으로 갈라진 그 틈을 메워 연결해주셨습니다. 삼위 하나님과 갈라지고 찢어지는 아픔을 온몸으로 겪으면서까지 친히 그 틈에 서서 이음새가 되셨습니다.

연합은 갈라진 세상을 보며 지적하는 것으로 이루어지지 않습니다. 안타까운 마음으로 샬롬을 품은 기도를 드린다고 해서 가능하지도 않습니다. 누군가가 피를 뿌려야만 연합이 이루어집니다. 누군가가 자기를 부인하고 자신의 십자가를 지고 예수님을 온전히 따라가야 합니다.

북한의 나진선봉 지역에 모 회사가 있습니다. 그 회사를 그곳에서 처음 시작한 분 중에 미국인 A 선생이 있습니다. A 선생 부부 사이에는 여섯 살부터 고등학생까지 여섯 명의 자녀가 있었는데, 이 아이들을 전부 데리고 북한 나진에 들어가 온 가족이 그 땅에서 살았습니다. A 선생이 처음 나진에 들어가기 시작했을 때 회사에도 숙소가 있었지만 잠은 오랫동안 호텔에서 자야 했습니다. 한겨울에도 아침 일찍 아이들을 깨워 옷을 입혀 회사 안에 있는 집에서 생활하다 하루 일을 다 마치면 다시 옷을 입혀 여섯 명의 아이들과 호텔로 돌아오는 것이 일상이었습니다.

어느 날 엄마가 세 딸들과 손을 잡고 호텔에서 나와 회사로 가던 중이었습니다. 회사에 거의 도착했는데 갑자기 막내딸 J가 엄마의 손을 뿌리치고는 마주 오던 어느 북한 사람을 향해 달려가더니 폴짝 뛰어 처음 보는 그에게 안기더랍니다. J는 그분을 잘 알고 지내던 회사 경비원으로 착각하고 그랬던 것입니다. 어린 J의 눈에는 얼굴이 시커멓고 우중충한 옷을 입은 북한 사람들이 다 똑같이 보였던 것 같습니다.

그런데 바로 그때 평생 잊을 수 없는 일이 벌어졌습니다. 처음 보는 서양 아이가 갑자기 자기에게 달려와서 안기자 무표정으로 경직되어 있던 그분이 처음엔 당황하더니, 어느새 환하게 웃는 표정을 지으면서 양쪽 팔로 J를 안아주더랍니다. 오랫동안 굳어 경직된 그들의 마음의 벽이 아무것도 모르고 자기 품에 안기는 J를 통해 무너지는 것을 보았답니다.

시간이 흘러서 회사 건물이 다 지어지고 이제 이 선교사님은 아이들과 함께 그 안에서 지내게 되었습니다. 혈기왕성한 아이들이 온종일 좁은 마당에서 지낸다는 게 쉽지 않았을 것입니다. 그 사실을 알게 된 그들의 할아버지가 아이들을 위해 자전거를 보내주기도 했습니다. 아이들은 자전거를 타고 종일 놀면서 무료함을 달래곤 했습니다.

어느 날 아이들의 자전거 타는 모습을 북한 아이들이 문 밖을 지나다가 "제국주의자 물러가라" 외치며 한 아이가 던진 돌에 그만 둘째 아이가 맞았습니다. 아이 머리에 피가 흐르는 것을 본 엄마의 억장은 무너졌습니다. 엄마는 분노를 삼키며 속으로 생각합니다.

'하나님, 우리는 여기까지입니다. 저는 얼마든지 이 땅에서 살아갈 수 있습니다. 그런데 도대체 부모 따라 여기까지 온 아이는 무슨 죄가 있나요? 더 이상 아이들에게까지 희생을 요구할 수는 없습니다.'

그들은 그다음 날로 짐을 싸들고 나진을 떠나 연길로 돌아옵니다. 이 소식을 접한 선교사들은 아무 이야기도 하지 않고 안타까운 마음에 그 가족을 위해 중보기도를 하기 시작합니다. A 선교사 가족도 자기 거취를 놓고 함께 기도를 시작합니다.

함께 기도하는 가운데 하나님은 A 선생 가족의 마음에 제사장의 기도를 허락해주십니다. 남북이 하나 되어 새로 태어나려면 수많은 제사장이 바쳐야 할 제물이 남아 있다는 사실을 각인시켜 주십니다. 그때 이 가족들은 속으로 다짐합니다.

'만약 우리 아들의 이 피 흘림이 북녘 땅의 제단 위에 뿌려져야 할 또 한 번의 피흘림이라면 결코 마다하지 않겠습니다.'

그리고 그들은 다시 북녘 땅에 들어갑니다. 그렇게 어려운 일을 당하고도 다시 북한을 찾은 이 서양인들을 북한 직원들은 환대합니다. 그날 선교사님 가족이 북한 직원들과 함께 둘러 앉아 밥과 김치를 먹는데 마치 주님의 성만찬을 나누는 것 같았다고 합니다.

A 선생 가족 이야기는 평생 잊을 수 없는 북한 선교의 한 그림으로 제 마음에 새겨져 있습니다. 반미감정으로 꽉 찬 저 나라의 얼

어붙은 마음에 연약한 어린아이 하나가 품에 달려가 안겼을 때 녹아내렸던 그림이 그중 하나입니다. 또한, 돌에 맞아 머리에 피를 흘렸지만 그 아이를 데리고 돌을 던진 그들 속으로 다시 들어갔을 때 저들의 식탁은 열린 식탁이 되어 가해자와 피해자가 샬롬의 식탁에서 떡과 잔을 나누게 되는 그림입니다.

예수님이 십자가 제단을 바라보며 드렸던 그 제사장 기도를 과연 누가 할 수 있을까요? 우리는 예수님의 대제사장 기도를 흉내조차 낼 수 없습니다. 그럼에도 그 정신을 조금이나마 담아 드리는 중보기도를 통해서 어두움과 두려움으로 가득한 땅이 변해가는 것을 봅니다.

A 선생 가족은 더 이상 북한 땅에 있지는 않습니다. 그러나 십자가 정신 위에 세워진 그들 회사는 아직도 그 땅에서 지속적으로 선한 영향력을 펼쳐가고 있습니다.

파송의 기도: 세상에 제물로 바치는 기도

내가 아버지의 말씀을 그들에게 주었사오매 세상이 그들을 미워하였사오니 이는 내가 세상에 속하지 아니함 같이 그들도 세상에 속하지 아니함으로 인함이니이다 내가 비옵는 것은 그들을 세상에서 데려가시기를 위함이 아니요 다만 악에 빠지지 않게 보전하시기를 위함이니이다 내가 세상에 속하지 아니함 같이 그들도 세상에 속하지 아니하였사옵나이다 그들을 진리로 거룩하

게 하옵소서 아버지의 말씀은 진리니이다 아버지께서 나를 세상
에 보내신 것같이 나도 그들을 세상에 보내었고 또 그들을 위하
여 내가 나를 거룩하게 하오니 이는 그들도 진리로 거룩함을 얻
게 하려 함이니이다(17:14~19).

거룩에는 '구별된다'는 뜻이 있습니다. 어떤 목적을 위해 따로
떼어놓은 것을 의미합니다. 진리는 예수님 자신이니 곧 예수님으로
말미암아 거룩해졌다는 것입니다. 세상의 썩어질 금이나 은으로 거
룩해진 것이 아니고 진리이신 예수님 때문에 거룩해진 것입니다.
구별된 존재에게 반드시 따라오는 것이 있습니다. 제물을 구별
했으면 그다음에는 제물을 바쳐야 합니다. 예수님은 제자들을 진리
로 구별해서 제물로 바치려고 합니다. 그런데 문제는 이것입니다.
그들을 어디에 바칩니까? 이게 충격적입니다. "그들을 진리로 거룩
하게 하옵소서 아버지의 말씀은 진리니이다 아버지께서 나를 세상
에 보내신 것같이 나도 그들을 세상에 보내었고 또 그들을 위하여
내가 나를 거룩하게 하오니 이는 그들도 진리로 거룩함을 얻게 하
려 함이니이다"(17~19).

예수님은 제자들을 거룩하게 구별해서 '세상'에 제물로 바치겠
다는 것입니다. 즉, 예수님은 제자들을 세상에 파송할 때 있는 그대
로 파송하지 않으십니다. 먼저 그 제자들을 거룩하게 구별하여 드
릴 만한 제물로 만드십니다. 먼저 제단 위에 바쳐진 온전한 제물이
되는 것입니다. 즉, 먼저 죽임을 당해야 그다음에 그 제물이 세상에
바쳐질 수 있습니다. 제물이 제단을 거치지 않고 산 채로 세상에 바

쳐지거나 혹은 제단 위에 바쳐지기는 했는데 온전히 죽임을 당하지 않은 채로 세상에 바쳐진다면 세상은 달라지지 않습니다. 제물이 제단 위에서 온전히 죽임을 당해야 하나님께서 그 제물을 통해 세상을 살리는 역사를 만들어 가십니다.

그동안 교회 안에서 너무도 많이 십자군의 기도가 드려졌던 것은 아닌가 돌아봅니다. 기도한다는 명목으로 종교의 깃발, 이념의 깃발만 높이 치켜들어 우리 편이 아닌 부류는 공격 대상으로 삼는 칼의 기도가 드려지지는 않았는지요? 기독교 역사에 큰 오점으로 남아 있는 십자군 운동과 무엇이 다른지 묻게 됩니다.

2019년 말에 저는 뉴욕에 사는 딸 조이와 며칠간 미주의 서남부 지역을 자동차로 여행했습니다. 긴 시간을 자동차에서 함께 시간을 보내면서 조이는 새롭게 시작하는 인권변호사로서의 꿈과 포부를 저에게 나누었습니다.

앞으로 뉴욕 빈민가에서 힘과 지식이 없어 부당하게 집에서 쫓겨나 노숙자로 내려앉을 수밖에 없는 사람들의 권리를 대변하는 변호사로 일하겠다는 것입니다. 그 일을 제대로 감당하려면 자기는 일반 변호사들이 누리는 안락한 삶을 살지는 못할 것이라고 합니다. 뉴욕 할렘가의 허름한 아파트에 살면서 지하철로 출퇴근해야 합니다. 매달 얼마 되지 않는 월급을 쪼개 교회에 헌금을 내고 아파트 렌트비를 지불하고 장도 보아야 합니다.

남들이 가지 않는 좁은 길을 가려는 딸이 자랑스럽기도 했지만, 또 그런 길을 가고자 할 때 치러야 할 대가가 무척이나 크다는 것을 잘 알기에 다른 한편으로는 딸의 모습이 애잔했습니다. 그런 아빠의 생각이 대화 도중에 딸에게 살짝 드러났던 모양입니다.

"너도 다른 아이들처럼 로펌에서 일하면 어때? 네 중심만 잘 지키면 되지. 돈도 잘 벌어서 선교사나 어려운 사람들을 도우면 되지 않을까?"

조이는 대답했습니다.

"물론 로펌에서 일하면 월급도 세 배나 더 받으니까 경제적으로는 안락한 생활을 누릴 수 있겠죠. 그렇지만 좋은 차를 타겠다고, 맨해튼 높은 빌딩의 호화 아파트에서 살겠다고, 명품가방을 들고 다니겠다고 내 영혼을 팔 수는 없어요. 아빠."

질문은 더 이상 하지 않았습니다. 아니 할 수 없었습니다. 아빠가 볼 때 딸 조이 앞에 놓인 삶이 녹록지 않아 보였습니다. 그동안 조이는 험한 동네에서 살아본 것도 아니고, 거친 친구들과 어울려 본 적도 없습니다. 온실 안에서만 자라온 조이가 정글 같은 뉴욕 할렘가에서 과연 살아남을 수 있을까? 더 나아가 그렇게 어려운 환경에서 과연 조이는 자신의 소신을 펼칠 수 있을까? 여러 걱정이 앞섰던 게 사실입니다. 지난 3개월 동안은 조이를 위해 중보기도할 때마다 이 문제를 주님 앞에 가지고 나왔습니다.

그러던 중 미국에 코로나 전염병이 강타하기 시작했습니다. 확진자 수가 급증하기 시작하더니 2020년 7월 현재 207만 명이 넘게 확진 판정을 받았으며 그중 13만 7천 명 이상이 목숨을 잃었습니다. 특히 조이가 거주하는 뉴욕은 확진자 숫자가 40만 6천 명을 훌쩍 넘었으며 무려 3만 2천 명 이상이 목숨을 잃었습니다(7월 13일 기준).

맨해튼에 사는 조이가 걱정이 되어 여러 번 문자를 주고받았습니다. 뉴욕 상황이 이렇게 악화되었으니 당분간 집에 와 있으면 좋겠다고 했습니다. 그런데 딸은 그냥 뉴욕에 남겠다고 하면서 사진한 장과 간단한 문자를 보내 왔습니다.

아파트 옥상에서 보니 멀리 뉴욕의 상징 엠파이어스테이트와 월드트레이드 센터가 보입니다. 삶이 너무 바빴는지 지금까지 이옥상에 한 번도 올라오지 않았어요. 하지만 이제 날씨가 포근하면 이곳에 자주 올라올 생각입니다. 이곳에서 뉴욕을 한눈에 내려다보며 이 도시를 위해 기도하면 좋을 것 같습니다. 코로나 사태가 도시를 강타하면서 갑자기 많은 사람이 죽어가는 것을 보니 심히 두렵기만 합니다. 아무것도 손에 잡히지 않아 낙심되고염려도 됩니다. 그러나 내가 얼마나 이 도시를 사랑하는지를 알기에 그 마음으로 또 하루를 견뎌내려고 합니다.

이 메시지를 주고받으며 아빠로서 마음이 짠해졌습니다. 걱정도 됐습니다. 그러나 마지막 문장을 읽으면서 뉴욕에 남기로 한 딸의 마음이 느껴졌습니다. 제가 할 수 있는 건 하나밖에 없었습니다. 뉴욕에 남기로 결심한 딸을 이제 하나님 손에 올려 드리기로 했습니다.

주님,

조이가 뉴욕에 남아 있겠다고 합니다. 자신이 그렇게 사랑하는 그 도시가 고통 가운데 있는데 외면할 수 없다고 합니다. 뉴욕 할렘가에서 인권변호사로 일하는 딸의 삶이 녹록지 않을 것이고, 게다가 코로나로 하루에도 수백 명씩 죽어나가는 중심에서 일하는 딸의 모습을 그려보니 제 마음에도 염려가 큽니다.

그러나 주님.
조이는 주님의 것입니다.
그동안은 제 가슴에 품고 있었지만,
오늘부터는 저의 삶에서 놓아주기로 결정합니다.

이제 딸을 주님의 손에 올려드리오니
진리로 저를 구별하여 거룩한 제물 되게 하옵소서.
주님의 온전한 제물로 이제 세상에 파송하여 주옵소서.

앞으로 조이의 인생에 어떠한 일이 펼쳐질지 저는 모릅니다. 어쩌면 자신이 생각하는 이상과 현실의 괴리감에 좌절하고 절망할 수도 있을 것입니다. 법대를 졸업한 친구들과는 전혀 다른 환경에서 다른 삶의 방식으로 살아가야만 하는 자신을 보면서 때로는 후회할 수도 있을 것입니다.

그러나 조이는 당신의 목숨을 내어주시기까지 사랑하겠다고 작정하신 딸입니다. 딸의 인생 여정 끝에서 영광을 받으시겠다고 이미 결정하신 아이입니다.

조이를 받아주시고 앞길을 주장하여 주옵소서.
저 딸을 당신의 도구로만 사용하여 주옵소서.

예수님의 이름으로 기도합니다.

새 계명을 너희에게 주노니
서로 사랑하라
내가 너희를 사랑한 것같이
너희도 서로 사랑하라

국제제자훈련원은 건강한 교회를 꿈꾸는 목회의 동반자로서 제자 삼는 사역을 중심으로
성경적 목회 모델을 제시함으로 세계 교회를 섬기는 전문 사역 기관입니다.

다시, 사랑의 길

초판 1쇄 인쇄 2020년 7월 24일
초판 1쇄 발행 2020년 7월 31일

지은이 김경환

펴낸이 오정현
펴낸곳 국제제자훈련원
등록번호 제2013-000170호(2013년 9월 25일)
주소 서울시 서초구 효령로68길 98(서초동)
전화 02)3489-4300 **팩스** 02)3489-4329
이메일 dmipress@sarang.org

ISBN 978-89-5731-818-8 03230

※ 책값은 뒤표지에 있습니다. 잘못된 책은 구입하신 곳에서 교환해드립니다.